MARCE
GRAZII

benvenuti in italiano

corso **MODULARE** di lingua italiana per ragazzi - **volume 2**

Guerra Edizioni

Benvenuti in Italiano

Autori:
Marcello Silvestrini
Graziella Novembri

Progetto grafico
salt & pepper_perugia

I edizione
© Copyright 2005 Guerra Edizioni - Perugia

ISBN 88-7715-853-0

Guerra Edizioni
via Aldo Manna 25 - Perugia (Italia)
tel. +39 075 5289090 - fax +39 075 5288244
e-mail: geinfo@guerra-edizioni.com www.guerra-edizioni.com

La realizzazione di un libro comporta un attento lavoro di revisione e controllo sulle informazioni
contenute nel testo, sull'iconografia e sul rapporto che intercorre tra testo e immagini.
Nonostante l'accurato controllo è quasi impossibile pubblicare un libro del tutto privo di errori
o refusi.
Per questa ragione ringraziamo sin d'ora i lettori che li vorranno segnalare.

Questo manuale è stato realizzato e sperimentato con l'apporto dei docenti di lingua italiana come lingua straniera

Gli Autori, mentre ringraziano i Colleghi delle Istituzioni che operano per la promozione e la diffusione della lingua italiana, sono lieti di recepire ulteriori rilievi e suggerimenti

Premessa

Questo corso è stato progettato per soddisfare le esigenze e le attese dei numerosissimi ragazzi che, nelle scuole municipali e nelle scuole private, intendono avvicinarsi alla lingua italiana.

In molti Paesi in generale cresce l'interesse per l'apprendimento delle lingue straniere nella convinzione che una forma di alfabetizzazione in più lingue permetta una maggiore capacità di movimento, di lavoro, di realizzazione personale.

Lo studio della Lingua Italiana, come di altre lingue, è concepito, cioè, come un investimento per il futuro.

Genitori, insegnanti, scuole, forze politiche caldeggiano l'apprendimento di questa lingua e ne promuovono l'inserimento nei curricoli personali di ogni adolescente e preadolescente per molteplici ragioni.

Ne sintetizziamo alcune.

- La lingua italiana è una lingua di cultura e, più precisamente, la lingua della musica, della moda, del cinema, dell'arte, della tecnologia, della gastronomia, della Ferrari, ecc.
- La lingua italiana presenta una fonetica semplice.
- La lingua italiana è la lingua d'origine di milioni di discendenti italiani diffusi nel mondo, e, al contempo, risponde molto bene alla esigenza di crescita generale dell'intelligenza di un ragazzo sia per la struttura logica che la caratterizza, sia per la stratificazione culturale del suo lessico e delle sue espressioni.

La dignità dell'italiano come seconda o terza lingua, da insegnare nelle scuole, ha riguardato, nei decenni scorsi, situazioni inerenti le comunità di emigranti in Belgio, Svizzera, Germania, Australia, Argentina, Stati Uniti e America Latina, Africa, dove sono state aperte scuole italiane.

In ogni parte del mondo Italiani e discendenti di Italiani, con coraggio straordinario e nell'ansia di tramandare a figli e nipoti le proprie radici etniche e culturali, hanno spinto per diffondere e promuovere l'italiano e la sua civiltà fino a raggiungere e coinvolgere migliaia di studenti e cultori della nostra lingua.

Con questo manuale si intende rispondere a precise richieste di ordine teorico e di ordine metodologico-didattico, con il proposito di fondere e di armonizzare i risultati conseguiti dai vari metodi via via sperimentati nella glottodidattica, e misurati sulla reale capacità di analisi e sintesi, di acquisizione e memorizzazione proprie di un ragazzo dai nove ai quindici anni.

L'opzione metodologica privilegiata è quella dei MODULI in quanto prevale ormai l'esigenza di superare i modelli tradizionali di programmazione educativa e didattica applicati nel corso degli ultimi decenni nella ricerca psico-pedagogica. Esigenza che è in effetti già presente nella normativa ordinamentale attuata in Europa.

L'ideazione e la realizzazione di un modulo si concretizza attraverso un procedimento che si chiama algoritmo didattico e che coagula un insieme di esperienze di apprendimento didattico in generale e linguistico nel nostro caso.

"Ogni modulo è un micro-curricolo, quindi include, in rapporto ai soggetti alunni a cui è destinato, gli elementi essenziali costitutivi quali: obiettivi, contenuti, procedure, attività, mezzi e modalità di verifica". (AA.VV. Dizionario di Scienze dell'Educazione, ELLE DI CI - L.A.S., S.E.I., 1997, pp. 708-709).

Mentre l'Unità Didattica consente il

perseguimento di obiettivi specifici a breve termine (come microsistema curriculare) il MODULO prende il significato di elemento di programmazione didattica mirata all'acquisizione di obiettivi a medio e persino a lungo termine.
In tal modo il modulo didattico, in ambito linguistico, si carica di grande forza innovativa in quanto permette di uscire, finalmente, dal frammentarismo, dalle microsituazioni, dagli stereotipi linguistici spesso slegati e a forza giustapposti, per assicurare unitarietà, coerenza, progressione logica all'intero processo di insegnamento/apprendimento.
Tutti i materiali linguistici sono stati testati e le strategie didattiche sono state adattate alle attese tipiche dell'età adolescenziale e preadolescenziale con appropriate integrazioni, inserimenti grafici e fotografici, situazioni esistenziali.

Gli Autori

VOLUME I

Contenuto dell'opera

MODULO A

Nel modulo A impari a

- Salutare
- Rispondere ai saluti
- Presentarti
- Chiedere di presentarsi
- Presentare qualcuno/a
- Dire la tua cittadinanza, dire la tua residenza
- Chiedere la cittadinanza, la residenza, la professione
- Descriverti
- Descrivere qualcuno/a
- Descrivere il tuo abbigliamento e quello degli altri
- Numerare da 0 a 20
- Riflettere sulla fonetica
- Fare un esame di quanto imparato

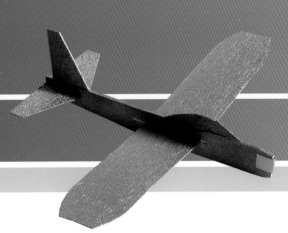

Modulo A

Contenuto dell'opera

MODULO B

Nel modulo B impari a

- Dare il nome esatto ai colori
- Identificare il colore delle cose
- Identificare a chi appartengono gli oggetti
- Esprimere il proprio stato di salute
- Chiedere a qualcuno notizie circa la sua salute
- Usare il singolare e il plurale dei nomi
- Analizzare elementi ed oggetti di vita quotidiana ed oggetti d'arte
- Fare un esame di quanto imparato

MODULO B

Contenuto dell'opera

MODULO C

Nel modulo C impari a

- Dire il tuo indirizzo
- Chiedere l'indirizzo a qualcuno/a
- Identificare le professioni e/o i mestieri
- Chiedere la professione e/o il mestiere a qualcuno/a
- Dire e chiedere i nomi delle città italiane, delle regioni, degli abitanti
- Indicare e chiedere il luogo, la direzione, la posizione
- Situare gli oggetti nello spazio
- Chiedere dove sono situati gli oggetti
- Parlare e chiedere notizie del tempo metereologico
- Analizzare il clima italiano e i modi di vita relativi
- Analizzare la carta geografica d'Italia
- Fare un esame di quanto imparato

Modulo C

unità 7	unità 8	unità 9
LA CASA	**IL LUOGO**	**IL TEMPO**
pagine 88-100	pagine 101-108	pagine 109-124

Dove abiti?

FUNZIONI LINGUISTICHE
dichiarare il proprio indirizzo, chiedere l'indirizzo, chiedere la professione, descrivere una cosa

ELEMENTI LESSICALI
nomi di città,
nomi di abitanti,
nomi di regioni

ELEMENTI GRAMMATICALI
abitare, vivere, preposizioni a/in, articolo lo - gli, l'- gli

ELEMENTI DI CIVILTÀ
carta d'Italia, regioni italiane, città italiane

FONETICA
osservazioni sulle consonanti

Dov'è?

FUNZIONI LINGUISTICHE
indicare il luogo, chiedere e indicare la direzione, indicare la posizione

ELEMENTI LESSICALI
nomi di cose e di luoghi, sopra, sotto, dentro, fuori, di fianco, di fronte, a sinistra, a destra

ELEMENTI GRAMMATICALI
vado a/in, vicino a, lontano da, pronomi personali e preposizioni

ELEMENTI DI CIVILTÀ
arredamento d'interni, pianta di città, alcune città

FONETICA
consonanti doppie

Che tempo fa?

FUNZIONI LINGUISTICHE
parlare del tempo, chiedere notizie del tempo, previsioni del tempo

ELEMENTI LESSICALI
la stagioni, i mesi, i giorni della settimana, la pioggia, il temporale

ELEMENTI GRAMMATICALI
preposizione di/in + articolo, che tempo fa oggi, le feste, i numeri

ELEMENTI DI CIVILTÀ
le stagioni in Italia, le vacanze, la Sicilia, il vulcano Etna, oroscopo

FONETICA
l'apostrofo

VERIFICA DEL MODULO C   pagine 125-131

VOLUME II

Contenuto dell'opera

MODULO **D**

Nel modulo D impari a

- Dichiarare la tua destinazione
- Chiedere la destinazione a qualcuno/a
- Dichiarare e chiedere l'ubicazione, il luogo, cioè, dove si trovano uomini e cose
- Fare gli auguri
- Ringraziare per gli auguri o i complimenti ricevuti
- Dare e chiedere l'ora
- Dire e chiedere il numero di telefono
- Esprimere un desiderio
- Analizzare il lavoro degli italiani
- Parlare di alcuni elementi di vita sociale
- Analizzare la scuola italiana e il suo funzionamento
- Analizzare un modo di viaggiare tipico italiano: il treno
- Fare un esame di quanto appreso

MODULO D

unità 10

IL LAVORO

pagine 19-30

Che cosa fa?

FUNZIONI LINGUISTICHE
chiedere la professione, chiedere il mestiere, dichiarare la preferenza

ELEMENTI LESSICALI
nomi di professioni e attività, nomi di materie scolastiche, nomi di sport

ELEMENTI GRAMMATICALI
fare, presente indicativo are-, -ere, -ire

ELEMENTI DI CIVILTÀ
gli Italiani e il lavoro, emigrazione e immigrazione, i ragazzi, la preghiera, l'amore

FONETICA
osservazioni sull'accento

unità 11

I VIAGGI

pagine 31-46

Dove vai?

FUNZIONI LINGUISTICHE
chiedere la destinazione, dichiarare la destinazione, i viaggi

ELEMENTI LESSICALI
nomenclatura di viaggi

ELEMENTI GRAMMATICALI
venire, andare, andarci, partire, arrivare

ELEMENTI DI CIVILTÀ
il treno, le ferrovie italiane, viaggio attraverso l'Italia, Roma

FONETICA
osservazioni sulla consonante s

unità 12

LA SCUOLA

pagine 47-62

Che cosa c'è? Dov'è?

FUNZIONI LINGUISTICHE
chiedere e dichiarare l'ubicazione di persone e cose, festeggiare, gli auguri

ELEMENTI LESSICALI
nomenclatura della scuola, nomenclatura dell'aula, nomenclatura della festa

ELEMENTI GRAMMATICALI
preposizione di + articolo, c'è - ci sono, coniugazione riflessiva

ELEMENTI DI CIVILTÀ
la scuola italiana, il compleanno, la festa, Montessori

FONETICA
attenzione a...

VERIFICA DEL MODULO D pagine 63-69

Contenuto dell'opera

MODULO E

Nel modulo E impari a

- Parlare, salutare e congedarti al telefono
- Chiedere e dare notizie personali
- Chiedere, accettare, fissare, rifiutare un appuntamento
- Usare l'orologio
- Conoscere internet e la posta elettronica
- Ordinare qualcosa a qualcuno in modo cortese
- Dichiarare, esprimere un desiderio, una preferenza
- Descrivere idee, sentimenti, progetti, speranze
- Descrivere il proprio stato di salute
- Osservare l'aspetto fisico di una persona
- Comunicare i tuoi sentimenti

MODULO E

Pronto? Chi parla?

FUNZIONI LINGUISTICHE
chiedere e dare notizie personali, chiedere accettare fissare rifiutare un appuntamento, leggere e usare l'orologio

ELEMENTI LESSICALI
le parole della comunicazione telefonica, avvertenze, divieti le parole di internet e della posta elettronica, le parole dei messaggini

ELEMENTI GRAMMATICALI
imperfetto indicativo, verbi modali volere dovere potere, i numeri ordinali, le ore dell'orologio

ELEMENTI DI CIVILTÀ
gli Italiani e il telefono fisso o il cellulare. Invenzione del telefono. Antonio Meucci. Gugliemo Marconi

FONETICA
l'accento tonico in italiano

Pizzeria? Vorrei...

FUNZIONI LINGUISTICHE
avvertire cortesemente, ordinare qualcosa a qualcuno, descrivere un procedimento, dichiarare una preferenza un desiderio

ELEMENTI LESSICALI
nomenclatura della cucina e del cucinare, le espressioni per chiedere indicare consigliare. I cibi, il supermercato

ELEMENTI GRAMMATICALI
il condizionale regolare e irregolare. I pronomi diretti

ELEMENTI DI CIVILTÀ
cosa e come mangiano gli Italiani, La tavola, la cucina, la spesa, il supermercato

FONETICA
divisione in sillabe

Non vedo Marco. Starà male?

FUNZIONI LINGUISTICHE
descrivere e comunicare idee e sentimenti, progetti e speranze, parlare del proprio stato di salute, dell'aspetto fisico di una persona,

ELEMENTI LESSICALI
il lessico dei sentimenti, della salute e della malattia, dell'aspetto fisico, del vestire, del truccarsi, dello specchiarsi, le forme e le espressioni del viso

ELEMENTI GRAMMATICALI
il futuro regolare e irregolare. I pronomi personali indiretti. Verbo piacere

ELEMENTI DI CIVILTÀ
rapporto ragazzi-ragazze, le malattie di stagione, persone e abitudini

FONETICA
la D eufonica

Contenuto dell'opera

MODULO F

Nel modulo F impari a

- Fare e rispondere agli auguri
- Raccontare, descrivere un viaggio
- Esprimere ammirazione, meraviglia
- Prendere appunti
- Parlare di sport
- Raccontare, descrivere una competizione di sport
- Presentare una squadra, una partita di calcio
- Chiedere e dare informazioni sulla viabilità
- Impartire e ricevere ordini
- Suggerire e ordinare
- Chiedere e dare consigli
- Esprimere il proprio pensiero soggettivo

MODULO F

unità 16
LE VACANZE
pagine 125-140

unità 17
IL CALCIO
pagine 141-152

unità 18
INFORMAZIONI
pagine 153-168

Dove sei stato?

FUNZIONI LINGUISTICHE
scambiarsi gli auguri, raccontare un viaggio, esprimere ammirazione, meraviglia

ELEMENTI LESSICALI
le parole delle vacanze, le azioni della giornata,il lessico della comparazione

ELEMENTI GRAMMATICALI
il passato prossimo con ESSERE, il verbo riflessivo, i gradi dell'aggettivo

ELEMENTI DI CIVILTÀ
Gli Italiani e le vacanze, le vacanze dei giovani, i luoghi delle vacanze

FONETICA
l'accento tonico in italiano

Che cosa hai fatto?

FUNZIONI LINGUISTICHE
parlare di sport, presentare una partita, una squadra, prendere appunti, fissare appuntamenti

ELEMENTI LESSICALI
le parole dello sport, del calcio, della competizione, prendere e scrivere appunti

ELEMENTI GRAMMATICALI
passato prossimo con AVERE, passato prossimo irregolare, alcuni irregolari, cominciare-finire

ELEMENTI DI CIVILTÀ
cosa e come mangiano gli Italiani, La tavola, la cucina, la spesa, il supermercato

FONETICA
divisione in sillabe

Le informazioni

FUNZIONI LINGUISTICHE
chiedere e dare informazioni, chiedere e dare ordini e indicazioni, consigliare, suggerire, invitare, interpretare la pubblicità

ELEMENTI LESSICALI
il lessico del consigliare, suggerire, invitare, del dare e ricevere ordini, le parole della pubblicità

ELEMENTI GRAMMATICALI
imperativo regolare e irregolare, imperativo e pronomi, congiuntivo presente, pronome relativo

ELEMENTI DI CIVILTÀ
l'acqua un bene prezioso, i consigli, gli inviti, i suggerimenti della pubblicità

FONETICA
combinazione di lettere e suoni

VERIFICA DEL MODULO F   pagine 169-175

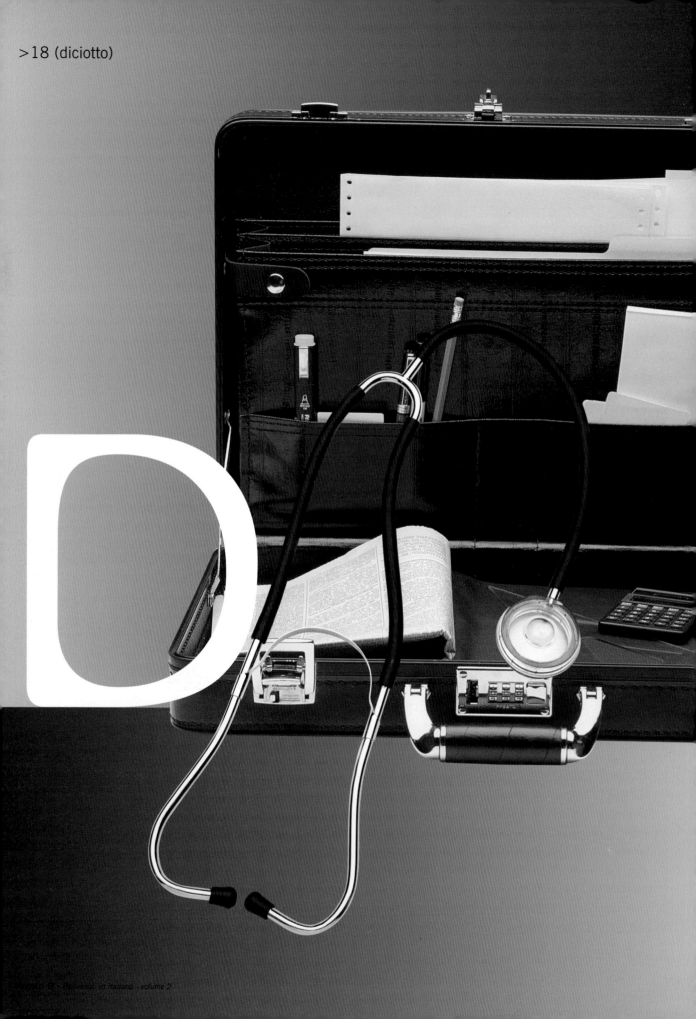

MODULO D
unità 10

IL LAVORO
Che cosa fa?

Stefano:	**Che lavoro fa tuo padre? È ingegnere?**
Aldo:	*No, non è ingegnere. Fa il meccanico alla Fiat.*
Stefano:	**Dove lavora? A Torino?**
Aldo:	*No, lavora in una concessionaria Fiat vicino a Modena*

Gianna:	**Che lavoro fa tua madre, è impiegata di banca?**
Patrizia:	*No, non è impiegata. Fa l'infermiera.*
Gianna:	**Dove lavora?**
Patrizia:	*In centro. Lavora nell'ospedale più grande della città. Anche la tua lavora?*
Gianna:	**Sì, lavora.**
Patrizia:	*Che lavoro fa?*
Gianna:	**Mia madre fa la commessa in un supermercato.**

Vero o falso

	Vero	Falso
1. Il padre di Aldo è ingegnere	☐	☐
2. Il padre di Aldo è meccanico	☐	☐
3. Il padre di Aldo lavora alle Poste	☐	☐
4. Il padre di Aldo lavora alla Fiat	☐	☐
5. Il padre di Aldo lavora a Torino	☐	☐
6. La madre di Patrizia fa l'impiegata	☐	☐
7. La madre di Patrizia fa l'infermiera	☐	☐
8. La madre di Patrizia lavora in periferia	☐	☐
9. La madre di Gianna fa l'infermiera	☐	☐
10. La madre di Gianna fa la commessa	☐	☐

Costruisci le frasi secondo il modello

Che cosa fai, mangi un gelato?
Sì, mangio un gelato

Che cosa fai, mangi un gelato?
_____

Che cosa fai, guardi la TV?
_____

Che cosa fai, scrivi una lettera?
_____

Che cosa fai, bevi un'aranciata?
_____

Che cosa fai, ascolti la musica?
_____

Marta scrive una lettera

I ragazzi guardano la TV

Con l'aiuto dell'insegnante collega le parole

L'autista   in ufficio
Il cuoco   *lavora*   con la macchina fotografica
L'operaio   in aula
La commessa   *con l'autobus*
Il professore   in fabbrica
Il fotografo   con il computer
La segretaria   in cucina
Il musicista   in aereo
L'impiegata   nel negozio di tessuti
Il pilota   al pianoforte

gli operai lavorano in fabbrica

il musicista dirige l'orchestra in concerto

le impiegate in ufficio lavorano al computer

Rispondi secondo il modello

Fai una passeggiata?
Sì, faccio una passeggiata

1. Fai una passeggiata?

2. Fai la spesa?

3. Fai ginnastica?

4. Fai una festa?

5. Fai una corsa?

Fate un cartellone?
Sì, facciamo un cartellone

1. Fate un cartellone?

2. Fate sport?

3. Fate un viaggio?

4. Fate in fretta!

5. Fate presto!

Costruisci le frasi secondo il modello

- Madre – commessa – un negozio di scarpe
- *Mia madre fa la commessa in un negozio di scarpe*

1. Madre – commessa – un negozio di scarpe
_____

2. Madre – operaia – fabbrica
_____

3. Sorella – parrucchiera – un negozio in centro
_____

4. Sorella – impiegata – banca
_____

il pilota guida l'aereo

il cuoco prepara il cibo

- Padre – meccanico – Fiat
- *Mio padre fa il meccanico alla Fiat*

1. Padre – meccanico – Fiat
_____

2. Padre – impiegato – Olivetti
_____

3. Fratello – usciere – Regione
_____

4. Fratello – professore – Università
_____

il professore in classe spiega

Che cosa fanno?

la mandria di buoi

Gli Italiani e il lavoro

La popolazione italiana attiva lavora nei tre principali settori produttivi: il settore primario, il secondario, il terziario.
Sono del settore primario tutti i lavori legati alla natura: l'agricoltura, l'allevamento, la pesca, le attività delle miniere e dei boschi. Queste attività forniscono prodotti alimentari e materie prime per l'industria.
Del settore secondario fanno parte tutti i lavori dell'industria e dell'artigianato.
Il settore terziario comprende i servizi come il trasporto, gli ospedali, le scuole, il commercio, le banche, gli uffici statali, le poste, il turismo.
Un problema di oggi è quello della mancanza di lavoro soprattutto per i giovani.

la fabbrica

Gli Italiani e l'emigrazione

Alla fine dell'Ottocento e all'inizio del Novecento molti Italiani emigrano in Brasile, in America e in alcuni Paesi Europei per cercare lavoro.

l'aereo

l'uva

MERICA!

Dall'Italia noi siamo partiti.
Siamo partiti col nostro onore.
Trentasei giorni di nave a vapore
e in America noi siamo arrivà.

Merica, Merica, Merica!
Cosa sarà questa Merica?
Merica, Merica, Merica!
L'è un bel mazzolino di fior.

Alla Merica noi siamo arrivati,
non abbiam trovato né paglia né fieno.
Abbiamo dormito sul nudo terreno.
Come bestie abbiam riposà.
Merica, ...

Ma l'America l'è lunga e l'è larga.
L'è formata di monti e di piani
e con l'industria dei nostri Italiani
abbiam fondato paesi e città.
Merica, ...

(Canzone degli emigrati)

donne emigranti

Uomini coraggiosi lasciano tutto: la terra,
gli affetti, le abitudini e partono…
Intere famiglie si ritrovano in Paesi di cui
conoscono solo il nome. "L'America è la
nostra terra promessa", dicono.
Portano nel mondo la loro capacità creativa,
portano braccia robuste e intelligenza.

Amano e fanno crescere i Paesi
che li ospitano.

Oggi l'Italia è terra di immigrazione.
Migliaia di persone specialmente
dall'Africa, dall'Asia, dall'Europa
dell'Est vengono in Italia e fanno
lavori umili nelle nostre città.

gli emigranti

Rispondi

1. **Quali sono i tre settori del lavoro?**

2. **Quali sono i lavori del settore primario?**

3. **L'industria e l'artigianato di quale settore fanno parte?**

4. **Quali sono i servizi del settore terziario?**

5. **Quando emigrano gli Italiani?**

6. **Dove emigrano gli Italiani?**

7. **Perché gli Italiani emigrano?**

8. **Che cosa portano nel mondo gli Italiani?**

Che cosa fanno i ragazzi italiani

I ragazzi italiani, come tutti i ragazzi del mondo, studiano. Vanno a scuola per imparare le lingue, la matematica, la geografia, la fisica, la storia e altre materie.

in classe

ORARIO SETTIMANALE DELLE LEZIONI

	LUNEDÌ	MARTEDÌ	MERCOLEDÌ	GIOVEDÌ	VENERDÌ	SABATO
ore 8	Geografia	Laboratorio	Ginnastica	Storia	Fisica	Italiano
ore 9	Italiano	Grammatica	Antologia	Matematica	Laboratorio	Matematica
ore 10	Religione	Musica	Geografia	Grammatica	L. straniera	Musica
ore 11	RICREAZIONE					
ore 11,30	Matematica	Italiano	Epica	Ed. Artistica	Storia	L. straniera
ore 12,30	L. straniera	Matematica	Matematica	Ed. Artistica	Lettura	Matematica

I ragazzi italiani, come tutti i ragazzi del mondo, fanno sport.
Fanno il calcio,
il tennis,
la pallavolo,
il nuoto,
la vela,
il ciclismo,
lo sci,
la pallacanestro,
ed altri sport.

il calcio

il nuoto

la pallavolo

la canoa

la pallacanestro

I ragazzi italiani, come tutti i ragazzi del mondo, viaggiano, fanno vacanze, ascoltano la musica, vanno in discoteca

la vacanza al mare

la gita di gruppo

la musica in discoteca

I ragazzi italiani, pregano così

PADRE NOSTRO

*Padre nostro che sei nei
Cieli, sia santificato
il tuo Nome.
Venga il tuo Regno.
Sia fatta la tua Volontà,
come in cielo così in terra.
Dacci oggi il nostro pane
quotidiano. Rimetti a noi i nostri debiti
come noi li rimettiamo ai nostri debitori.
Non ci indurre in tentazione,
ma liberaci dal male.
Così sia.*

ANGELO DI DIO

*Angelo di Dio, che sei il mio custode,
illumina, custodisci, reggi
e governa me, che ti fui affidato
dalla pietà celeste.
Così sia.*

I ragazzi italiani, come tutti i ragazzi del mondo, si innamorano

L'alfabeto dell'amore

A come AMORE

B come BACIO

D come DIARIO segreto

C come CAREZZA

E come EMOZIONE

F come FELICITÀ

G come GIOIA della vita

H come HO BISOGNO di te

I come IN MOTO con te

L come LUCE degli occhi miei

M come MA quando mi chiama?

N come NOSTALGIA della tua voce

O come OK, arrivo subito!

P come PER SEMPRE

Q come QUATTORDICI anni

R come ROSSORE

S come SUSSURRO

V come VOGLIO SOLO te

T come TELEFONO che non suona mai

U come UN ABBRACCIO forte

Z come ZAINETTO con la tua foto!

A proposito dell'Amore

VERONA, LA CITTÀ DI GIULIETTA E ROMEO

Quattrocento anni fa nasceva la più celebre storia d'amore del mondo: Giulietta e Romeo.

L'indimenticabile avventura dell'amore innocente di due giovani di Verona, mirabilmente raccontata dal più grande drammaturgo di tutti i tempi, William Shakespeare.

Verona
Casa di Giulietta

Verona
P.zza delle Erbe

CANTO D'AMORE

Se quando gli altri ne parlano
tendi le orecchie.
Se la sua voce
è melodia.
Se quando esci
speri d'incontrarlo.
Se quando cammini
frequenti i luoghi suoi.
Se quando lo incontri
abbassi lo sguardo.
Se quando ti fissa
volgi altrove i tuoi occhi.
Se solo perché ti ha sorriso
non riesci a dormire.

Se quando parla con gli amici
senti rabbia per loro.
Se ha un solo difetto
e quel difetto è un vezzo.
Se quando ti dà la mano
diventi rossa e sudata.
Se quando parla con te
tu senti che la sua presenza
ti riempie il cuore...
... allora è AMORE!

(GRANO)

IN ITALIANO SI DICE

Note di fonetica e grammatica

Osservazioni sull'accento	fonetica

1. L'accento non è mai scritto all'interno della parola.

2. L'accento è presente solo in fine parola.

   Es: perché, verrò, università, città, già, più, caffè, tè, bontà, può, però

3. L'accento è presente quando può esserci confusione tra due parole.

   Es:

dà	(verbo dare)	da	(da Roma)
è	(verbo essere)	e	(tu e noi)
là	(luogo)	la	(la mamma)
sì	(affermazione)	si	(si dice)
né	(e non)	ne	(pronome)

LA CONIUGAZIONE DEI VERBI	grammatica

PRESENTE INDICATIVO

PARLARE	**CAMMINARE**	**CANTARE**
Io parl-**o**	io cammin-**o**	io cant-**o**
tu parl-**i**	tu cammin-i	tu cant-**i**
lui/lei parl-**a**	lui/lei cammin-**a**	lui/lei cant-**a**
noi parl-**iamo**	noi cammin-**iamo**	noi cant-**iamo**
voi parl-**ate**	voi cammin-**ate**	voi cant-**ate**
loro parl-**ano**	loro cammin-**ano**	loro cant-**ano**

IN ITALIANO SI DICE

LA CONIUGAZIONE DEI VERBI IN -ERE E -IRE | grammatica

CORRERE
io corr-**o**
tu corr-**i**
lui/lei corr-**e**
noi corr-**iamo**
voi corr-**ete**
loro corr-**ono**

LEGGERE
io legg-**o**
tu legg-**i**
lui/lei legg-**e**
noi legg-**iamo**
voi legg-**ete**
loro legg-**ono**

SCRIVERE
io scriv-**o**
tu scriv-**i**
lui/lei scriv-**e**
noi scriv-**iamo**
voi scriv-**ete**
loro scriv-**ono**

DORMIRE
io dorm-**o**
tu dorm-**i**
lui/lei dor-**me**
noi dorm-**iamo**
voi dorm-**ite**
loro dorm-**ono**

PARTIRE
io part-**o**
tu part-**i**
lui/lei part-**e**
noi part-**iamo**
voi part-**ite**
loro part-**ono**

CAPIRE
io capisc-**o**
tu capisc-**i**
lui/lei cap-**isce**
noi cap-**iamo**
voi cap-**ite**
loro cap-**iscono**

FARE

Io **faccio**	un viaggio all'estero
	una ricerca per la scuola
	una visita agli amici
	la scuola media
	nuoto
Tu **fai**	ginnastica in palestra
	attenzione
Lui/lei **fa**	due passi nel parco
	le scale di corsa
Noi **facciamo**	una corsa in campagna
	un lavoro interessante
Voi **fate**	il pranzo al sacco
	presto al mattino
Loro **fanno**	tardi la sera
	in fretta i conti
	sport all'aria aperta
	danza classica
	finta di niente

MODULO D
unità 11

I VIAGGI
Dove vai?

Alla stazione

Benvenuto, signor Marani!
Ciao, Mirco! Aspetti qualcuno?
No, non aspetto nessuno.
Vado a Bologna con il prossimo treno.
E Lei, da dove viene?
Vengo da Roma, Buon viaggio, Mirco!
ArrivederLa, signor Marani.

Salve, Cinzia! Parti anche tu?
Sì, parto anch'io.
Dove vai?
Vado in gita a Milano con il treno delle 11.
Vai da sola?
No, vado con la mia classe e con il professore d'arte. Andiamo a vedere il museo di Brera e l'Ultima Cena di Leonardo da Vinci.
Io, invece vado a sciare in montagna con la mia famiglia.
Ecco il mio treno. Ciao! Buon viaggio!
Buon viaggio! Divertiti!

Vero o falso

	Vero	Falso
1. Mirco si trova a casa	☐	☐
2. Mirco non aspetta nessuno	☐	☐
3. Mirco va a Bologna	☐	☐
4. Mirco va a Bologna in macchina	☐	☐
5. Il signor Marani viene da Roma	☐	☐
6. Cinzia parte	☐	☐
7. Cinzia va in vacanza a Milano	☐	☐
8. Cinzia parte con la macchina	☐	☐
9. L'amica di Cinzia va a sciare	☐	☐
10. L'amica di Cinzia va con gli amici	☐	☐

potenti locomotori

Indica la forma giusta

1. Mirco aspetta
- ☐ *qualcuno*
- ☐ *il treno*
- ☐ *un amico*

5. Cinzia va a
- ☐ *Milano*
- ☐ *Napoli*
- ☐ *Pisa*

2. Mirco va
- ☐ *in Toscana*
- ☐ *a Bologna*
- ☐ *a casa*

6. Cinzia parte
- ☐ *con la famiglia*
- ☐ *da sola*
- ☐ *con la classe*

3. Mirco va in
- ☐ *autobus*
- ☐ *macchina*
- ☐ *treno*

7. Cinzia va a vedere
- ☐ *il Museo di Brera*
- ☐ *il Colosseo*
- ☐ *un film*

4. Marani viene da
- ☐ *Firenze*
- ☐ *Bologna*
- ☐ *Roma*

8. L'amica di Cinzia va
- ☐ *al mare*
- ☐ *in campagna*
- ☐ *in montagna*

Per parlare subito

Rispondi secondo il modello

Vado al cinema. Ci vieni anche tu? *Sì, ci vengo anch'io*	Quando vai al cinema? *(dopo cena)* *Ci vado dopo cena*

1. Vado al cinema. Ci vieni anche tu?

2. Vado al museo. Ci vieni anche tu?

3. Vado al centro. Ci vieni anche tu?

4. Vado al concerto. Ci vieni anche tu?

6. Vado in discoteca. Ci vieni anche tu?

7. Vado a casa. Ci vieni anche tu?

8. Vado a lezione. Ci vieni anche tu?

9. Vado alla stazione. Ci vieni anche tu?

1. Quando vai al cinema? *(dopo cena)*

2. Quando vai al concerto? *(stasera)*

3. Quando vai in discoteca? *(venerdì sera)*

4. Quando vai in vacanza? *(dopo domani)*

5. Quando vai al museo? *(sabato)*

6. Quando vai dai nonni? *(lunedì)*

Andiamo a prendere un'aranciata, venite anche voi?   *Sì, volentieri, ci veniamo anche noi*

1. Andiamo a prendere un'aranciata, venite anche voi?

2. Andiamo a vedere un film, venite anche voi?

3. Andiamo a fare una passeggiata, venite anche voi?

4. Andiamo a ballare, venite anche voi?

5. Andiamo a lezione di musica, venite anche voi?

6. Andiamo a fare una gita al mare, venite anche voi?

la pensilina della stazione

Il treno

Il treno assomiglia a una lunghissima serie di pulmann attaccati l'uno all'altro. Una grande macchina, chiamata locomotiva, è il motore che fa muovere e correre tutti i vagoni.

Il treno non può camminare sulle strade normali, ma corre su due binari di ferro: la ferrovia.
È collegato alla rete elettrica che gli dà l'energia per muoversi.

Un tempo la locomotiva si muoveva a carbone e i treni, quando passavano, lasciavano una nuvola di fumo.

Oggi invece è tutto automatizzato e il posto di guida dei treni super veloci (possono raggiungere 400 chilometri all'ora) è regolato da potenti computer.

il treno a vapore

i binari del treno

locomotiva ferma alla stazione

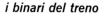

la passeggera

lo scompartimento

la carrozza

il viaggio in treno

Ogni vagone al suo interno ha tanti scompartimenti con le poltrone per sedersi. Ad ogni scompartimento si arriva attraverso un corridoio. A destra e a sinistra ci sono i finestrini che permettono al viaggiatore di ammirare il panorama.

locomotiva

il treno esce dalla galleria

Il treno è il modo più piacevole di viaggiare.
È più comodo e tranquillo della macchina e dell'aereo.

In treno, infatti, si può leggere, conversare con i compagni di viaggio, passeggiare, mangiare, bere e anche dormire.

Il treno ha difficoltà a superare le montagne e allora preferisce passare... dentro le montagna.
Come? Con le gallerie. Le montagne italiane, le Alpi e gli Appennini, sono piene di lunghi fori dove passa il treno.
Quando il treno entra in una galleria si fa buio e si accendono le luci.
Quando si viaggia per la prima volta le gallerie fanno un po' paura. Ma è un brivido che passa subito perché le gallerie italiane non sono lunghissime.

arrivi e partenze

Leggi e completa

i fili dell'alta tensione

Che cosa è un treno?
È un mezzo per viaggiare

A che cosa assomiglia un treno?
Un treno assomiglia a una serie di _____

Dove cammina il treno?
_____

Come si chiamano i binari?
_____

Chi dà al treno l'energia per muoversi?
_____

In passato chi faceva correre i treni?
_____

Quanti chilometri orari può fare un treno superveloce?
_____

Chi regola, oggi, i treni?
_____

Come sono divisi i vagoni?
_____

treni speciali

Negli scompartimenti ci sono le sedie?
No, negli scompartimenti ci sono le poltrone

Per che cosa servono le poltrone?
Le poltrone servono per _____

Come si arriva agli scompartimenti?
Si arriva attraverso _____

A che cosa servono i finestrini?
Servono a _____

Che cosa si può fare in treno?
_____

Il treno passa sopra o dentro le montagne?
_____

Come si chiamano i fori per passare 'dentro' le montagne?
_____

In viaggio attraverso l'Italia

Cinzia e Marco sono fratelli.
Abitano a Torino.
Amano molto viaggiare in treno.
Per le vacanze vogliono andare a
trovare i nonni al Sud, a Napoli.
Prendono il treno alla stazione la
mattina presto. Il papà li
accompagna in macchina.
La stazione è quasi vuota.

Torino e le Alpi

Si fermano qualche minuto nella
sala d'aspetto.
"Il treno 'Intercity' delle sei e quindici per Milano,
Bologna, Firenze, Roma, Napoli, è in partenza dal
binario numero otto", annuncia l'altoparlante.
Vanno di corsa al binario otto.
Ecco il treno. È tanto lungo che non si vedono le ultime
carrozze.
I ragazzi salgono, mettono a posto le valigie e si siedono
vicino al finestrino, uno di fronte all'altra.

Milano, la stazione centrale

Firenze, il duomo

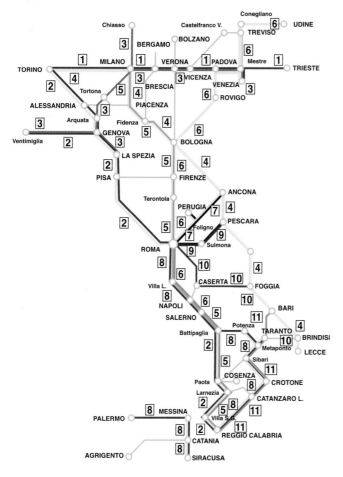

Salutano la mamma e il papà che sono sul marciapiede.

Il treno parte.

Cinzia e Marco guardano fuori in silenzio.

Buon viaggio! Divertitevi e siate prudenti!

Il viaggio comincia. Ecco la periferia di Torino, con le sue case, tutte in fila, tutte uguali e poi ecco la campagna.

Marco guarda fuori e pensa al mare, agli amici, all'estate.

Cinzia è un po' triste. Giulio, il suo amico del cuore, è rimasto a Torino.

Adesso il treno attraversa il fiume Po.

Poi corre lungo i campi, i vigneti e le risaie.

la risaia

i vigneti

il fiume Po

Ecco Milano.
Poi la Pianura Padana, fino a Bologna.
Si ferma.
C'è gente che scende e che sale.
Un gruppo di ragazzi canta canzoni
nel vagone vicino accompagnandosi
con la chitarra.

il formaggio parmigiano

E si riparte:
campagne,
monti,
gallerie, Firenze.
Poi Roma.
Poi Napoli.

Finalmente il mare!
Ecco il Vesuvio e il Golfo.
Siamo in orario.
I nonni sono già in stazione che
aspettano.
"BENVENUTI! Ben arrivati
ragazzi!"

Bologna e le sue torri

il mare di Capri

Napoli golfo e Vesuvio

La città di Roma

Leggi

Roma è la mia città. La capitale d'Italia. È grande,
antica ed è costruita su sette colli. Ci sono molti
monumenti nella mia città e sono famosi in tutto
il mondo: il Colosseo, Castel Sant'Angelo, la
Fontana di Trevi. È sempre piena di turisti. Ci sono
vie grandi e larghe, come Via dei Fori Imperiali
e Via Nazionale e ci sono piazze grandi e belle,
come Piazza di Spagna, Piazza Navona, Piazza San
Pietro. La mia città ha anche un fiume, il Tevere.

Roma, Piazza Navona

Completa

Roma è la _____ d'Italia.

È grande, _____ ed è costruita _____ sette colli.

Ci _____ molti monumenti nella _____ città e sono _____ in tutto il: il Colosseo,
Castel _____, la Fontana di _____.

È sempre piena _____ turisti.

Ci sono _____ grandi e larghe, _____ Via dei Fori _____ e Via Nazionale _____ ci
sono piazze _____ e belle, come _____ di Spagna, Piazza Navona, _____ San Pietro.

La _____ città ha anche _____ fiume, il Tevere.

Per parlare subito

Rispondi secondo il modello

Perché andate a casa? *(riposare)*
Andiamo a casa per riposare

1. Perché andate a casa? *(riposare)*
2. Perché andate a Firenze? *(visitare la città)*
3. Perché andate alla stazione? *(prendere il treno)*

Roma, il fiume Tevere

Lui va a scuola a piedi
Anche loro vanno a scuola a piedi

1. Lui va a scuola a piedi

2. Lui va a lezione di italiano

3. Lui va spesso all'estero

4. Lui va a Napoli ogni mese

Dove andate? *(al ristorante)*
Andiamo al ristorante

1. Dove andate? *(al ristorante)*

2. Dove andate? *(al centro)*

3. Dove andate? *(a casa)*

4. Dove andate? *(in vacanza)*

Rispondi

Cinzia e Marco sono fratelli. Tu quanti fratelli e sorelle hai?

Io ho _____

Come si chiamano i tuoi fratelli e le tue sorelle?

I miei fratelli si _____

Cinzia e Marco abitano a Torino. Tu dove abiti?

_____

Cinzia e Marco amano viaggiare in treno. Tu preferisci viaggiare in treno, in autobus, in macchina o in aereo?

Io preferisco _____

Per prendere il treno dove è necessario andare?

_____

Puoi ripetere le città che Cinzia e Marco attraversano da Torino a Napoli in ordine?

Da Torino a Napoli si passa per _____

Da Torino a Napoli si va verso Sud o verso Nord?

_____

Tu con chi preferisci viaggiare, con la famiglia, con gli amici o da solo?

Io preferisco _____

Come si chiama il più lungo fiume italiano?

_____

E la più grande pianura, come si chiama?

_____

Che cosa è una galleria?

_____

Dove è il Vesuvio?

_____

Quali altri nomi di città italiane conosci?

Conosco _____

Che cosa c'è a Roma?

_____

Quali sono i monumenti più importanti di Roma?

_____

Quali sono le piazze più conosciute?

_____

Come si chiama il fiume di Roma?

_____

Roma, Colosseo e Altare della Patria

Immaginiamo un viaggio in Italia

CITTÀ DI PARTENZA: SAN PAOLO
CITTÀ DI ARRIVO: MILANO

Partenza		Stop	ORARI Arrivo		Volo	Frequenza
orario	aeroporto	aeroporto	orario	aeroporto		
14:45		-	06:45	Malpenza	AZ673 (F)	L - V - D
14:45		FCO	09:45	Linate	AZ675 (F) AZ2016	-G - S -
15:45		-	06:45	Malpenza	AZ673	L - V - D
15:45		FCO	09:05	Linate	AZ675 AZ2016	- - - G - S -

L = Lunedì, V = Venerdì, D = Domenica, S = Sabato, G = Giovedì, M = Mercoledì

CITTÀ DI PARTENZA: MILANO
CITTÀ DI ARRIVO: SAN PAOLO

Partenza		Stop	ORARI Arrivo		Volo	Frequenza
orario	aeroporto	aeroporto	orario	aeroporto		
20:50	Malpenza	FCO	06:00		AZ779 (F) AZ674 (F)	- - M - - - -
20:50	Malpenza	FCO	06:00		AZ1053 AZ674 (F)	- - - - - S -
23:30	Malpenza	FCO	06:00		AZ672 (F)	- - - G V - D
23:30	Malpenza	-	07:00		AZ672 (F)	- - - G V - D
20:50	Malpenza	FCO	07:00		AZ779 (F) AZ674 (F)	- - M - - - -
20:50	Malpenza	FCO	07:00		AZ1053 AZ674 (F)	- - - - - S -

Decidi di partire da San Paolo in aereo con il volo AZ 673.
Guarda gli orari e rispondi.

Come si chiama l'aeroporto di partenza?
_____

A che ora parti da San Paolo?
_____

In quale giorno parti?
_____

Quali città decidi di visitare?
_____

Quanti giorni resti in Italia?
_____

Quali persone vuoi incontrare?
Voglio incontrare _____

Che cosa vuoi vedere?
Voglio vedere _____

Che cosa vuoi mangiare?
Voglio _____

Quali regali vuoi prendere?

_____

Per chi sono questi regali?
I regali sono per _____

BOEING B747/200B

Lunghezza (metri)	70,7
Altezza (metri)	19,3
Apertura alare (metri)	59,6
Peso al decollo (chilogrammi)	377.800
Capacità carburante (litri)	196.515
Numero posti	404
Aut. A pieno carico (km)	10.370
Velocità di crociera (km/h)	910

Quale volo scegli per il ritorno?
Per il ritorno scelgo _____

A che ora parte il tuo aereo?

_____

A che ora arrivi a San Paolo?

_____

Guarda la foto dell'aereo. Come si chiama?

_____

Quanti passeggeri può portare?

_____

Qual è la velocità media oraria?
La velocità _____

Come si chiama la compagnia aerea di bandiera italiana?

_____

Come si chiama la compagnia aerea del tuo Paese?

_____

biglietto aereo

Sempre più italiani utilizzano l'aereo per i loro viaggi di studio, di lavoro e di vacanza.
All'interno del Paese il treno e la macchina rimangono mezzi più utilizzati per il collegamento tra luoghi diversi e per lo spostamento quotidiano da casa al luogo di lavoro, di studio, di divertimento.

TI PORTIAMO NOI

Con ogni mezzo.

Con Eden Viaggi puoi utilizzare rapidi collegamenti, servendoti dei voli verso Milano, Torino, Venezia e Bolzano da numerose località italiane, oppure raggiungere comodamente con servizio pullman o noleggio auto le maggiori stazioni sciistiche.

Guarda la foto e rispondi

Dove siamo?
_____

Che cosa fa il bambino?
_____

Prova a costruire e raccontare una storia

Il bambino biondo con in mano un orsacchiotto _____
_____
_____
_____
_____
_____

Il pulman serve per gli spostamenti dalla e per la città. Collega i piccoli paesi periferici tra loro e con i centri più grossi. Raggiunge sopratutto quei luoghi in collina e in montagna dove non passa il treno.
È molto usato anche per gite o viaggi collettivi, permette di viaggiare insieme e a prezzi ridotti.
Pulman pieni di turisti invadono le città d'arte.
Lungo le superstrade e le autostrade s'incontrano sopratutto in primavera.
Si fermano alle stazioni e negli autogrills con il loro carico di umanità.

l'autobus

IN ITALIANO SI DICE

Note di fonetica e grammatica

Osservazioni sulla consonante s	fonetica

1. **s + consonante**. In Italiano la **s** si incontra con quasi tutte le altre consonanti.

s + b	**sb**aglio, **sb**ornia, bi**sb**iglio
s + c	**sc**ienza, la**sc**iare, **sc**uola, **sc**rivere
s + f	**sf**ida, **sf**inito, **sf**ortuna, **sf**ogliare
s + g	**sg**ridare, **sg**arbato, **sg**onfiare, **sg**uardo
s + p	**sp**agnolo, **sp**alla, **sp**arire, **sp**iegare, **sp**endere
s + t	**st**are, **st**ato, **st**anza, **st**oria
s + t + r	**str**aordinario, **str**ada, mae**str**o, **str**etto, di**str**atto
s + v	**sv**eglia, **sv**elto, **sv**izzero, **sv**ogliato

LA CONIUGAZIONE DEI VERBI	grammatica

PRESENTE INDICATIVO

VENIRE

io veng-**o**	a	Torino
		Napoli
tu vien-**i**		visitare l'Italia
		mangiare una pizza
lui/lei vien-**e**		
noi ven-**iamo**	in	Italia
		Brasile
		Sicilia
voi ven-**ite**		
loro veng-**ono**	da	Lucia
		Mirco

IN ITALIANO SI DICE

LA CONIUGAZIONE DEI VERBI	grammatica

ANDARE

io vad-**o** tu va-**i** lui/lei **va**	a lezione	con	l'autobus la macchina la moto il treno
noi and-**iamo** voi and-**ate** loro van-**no**	in vacanza	in	autobus macchina moto treno

CI

Quando	vai	al cinema? al centro? a casa?	→	Ci	vado	subito dopo la lezione prima di cena giovedì
	vieni	alla stazione? in vacanza			vengo	

PARTIRE

io part-**o** tu part-**i** lui/lei part-**e** noi part-**iamo** voi part-**ite** loro part-**ono**	**per**	Parigi Firenze la Svizzera il Brasile gli Stati Uniti le vacanze

ARRIVARE

Io arriv-**o** Tu arriv-**i** Lui/lei arriv-**a** Noi arriv-**iamo** Voi arriv-**ate** Loro arriv-**ano**	**da** Parigi **da** Firenze **dalla** Svizzera **dal** Brasile **dagli** Stati Uniti **dalle** vacanze

Mamma, non trovo il mio diario!
Forse, è sopra il tavolo, Silvia.
No, lì non c'è...
Forse è nello zaino. Guardaci bene!
No, neanche lì c'è. Ci sono i libri, ci sono le penne, c'è la colazione. Il diario non c'è.
Eccolo! Vedi? Sei la solita distratta. È sul comodino della tua camera!

MODULO D
unità 12

LA SCUOLA
Che cosa c'è?
Dov'è?

Buon compleanno, Giulia! Questo è un regalo per te. Tanti auguri!
Grazie, Manuela! Un regalo? Che cosa è?
Sorpresa!? ... Che cosa sarà? Indovina un po'!?
Sono curiosa. Dimmi, che cosa c'è. Ci sono dischi? Forse, ci sono dolci. C'è una sciarpa?
Dai, apri il pacco! Guardaci!
Oh, un maglione! Un maglione caldo e morbido! Grazie! Grazie di cuore!

il regalo

Vero o falso

	Vero	Falso
1. Silvia non trova il suo zaino	☐	☐
2. Silvia non trova il suo diario	☐	☐
3. Il diario è sopra il tavolo	☐	☐
4. Il diario è nello zaino	☐	☐
5. Nello zaino ci sono i libri e c'è la colazione	☐	☐
6. È il compleanno di Silvia	☐	☐
7. Silvia riceve un regalo	☐	☐
8. Silvia apre subito il pacco	☐	☐
9. Nel pacco ci sono le racchette da ping pong	☐	☐
10. Nel pacco c'è un maglione	☐	☐

i palloncini per la festa

Indica la forma giusta

1. Silvia non trova il suo	☐ zaino
	☐ orologio
	☐ diario
2. Nello zaino ci sono i	☐ libri
	☐ dolci
	☐ dischi
3. Il diario è	☐ sopra il tavolo
	☐ nello zaino
	☐ sul comodino della camera
4. Oggi Silvia fa	☐ il compleanno
	☐ il diploma
	☐ una festa
5. Silvia riceve	☐ una telefonata
	☐ un dono
	☐ una lettera
6. Silvia è	☐ curiosa
	☐ triste
	☐ nervosa
7. Nel pacco c'è	☐ una sciarpa
	☐ un altro pacco
	☐ un maglione

la torta di compleanno e i regali

Che cosa c'è in classe

Collega numeri e nomi

_1_ La sedia
___ Il mappamondo
___ L'armadio
___ Le tempere
___ I banchi
___ I pennarelli
___ La carta geografica
___ Il cancellino
___ La lavagna
___ Le matite
___ Le penne
___ Le gomme
___ Il temperamatite
___ Le forbici
___ La merenda
___ Il libro
___ I quaderni

Rispondi

Che cosa c'è nella tua borsa?
Nella mia borsa c'è _____
Nella mia borsa ci sono _____

Che cosa c'è nel tuo zaino?
Nel mio zaino c'è _____
Nel mio zaino ci sono _____

Che cosa c'è nella nostra aula?
Nella nostra aula c'è _____
Nella nostra aula ci sono _____

Che cosa c'è nella tua tasca?
Nella mia _____

Che cosa c'è nel tuo portamonete?
Nel mio _____

A che cosa serve il libro?
Il libro serve a leggere

A che cosa serve la gomma?
La gomma serve _____ *cancellare*

A che cosa serve la lavagna?
_____ *a scrivere*

A che cosa serve l'armadio?
_____ *mettere tutte le cose*

A che cosa serve la merenda?
_____ *a mangiare*

A che cosa servono le penne?
Le penne servono _____

A che cosa servono le forbici?
_____ _____ *a tagliare*

A che cosa servono i pennarelli?
_____ *a disegnare*

A che cosa servono le gomme?
_____

A che cosa servono le tempere?
_____ **a dipingere**

i pennarelli

le forbici

lo zaino

Primo giorno di scuola

Oggi è il primo giorno di scuola.
Camilla si sveglia prima del solito.
In fretta e in furia si lava, si pettina, si veste e va
in cucina per fare colazione.
Torna in camera sua.

il libro

Lo zaino, per terra, vicino al tavolo, è aperto.
Sul tavolo c'è tutto il necessario per la scuola.
"Vediamo se c'è tutto". Dice tra sé a
bassa voce: "Ci sono due quaderni: uno a
righe e uno a quadretti. Ci sono le penne: una
rossa ed una nera. C'è la matita, c'è la
gomma, c'è il temperamatite... E il diario??
Dov'è? Non c'è più".
- Mamma, dov'è il mio diario?
Qui non c'è più. È sparito!
- Guardaci bene! Ci deve essere.
- No, non c'è proprio. Ah, ora mi
ricordo; è sul comodino della mia camera.
"Allora, vediamo un po'. Il libro di lingua
straniera, c'è. Il libro di matematica, c'è.
L'antologia, c'è. C'è anche la colazione.
Cosa manca? Niente. C'è tutto.
Metto anche un fumetto.
Se la nuova professoressa è
noiosa... lo leggo.
Per strada ci sono ragazzi
e ragazze che camminano,
si incontrano, si salutano,
si aspettano e, insieme, vanno
verso un nuovo anno di lavoro.
C'è molto traffico, questa
mattina!
Camilla guarda e pensa: "Come saranno i nuovi
compagni? Come saranno i nuovi professori?
Chissà, se qualche amico o qualche amica dell'anno
scorso avrà scelto la stessa scuola?".
Davanti alla scuola c'è un gruppo di ragazzi e ragazze.
- Camilla! Ciao, Camilla! Dicono tre visi conosciuti.
"Che bello! Non sono sola..."

il diario

le penne

la scuola

Rispondi

Che giorno è oggi?
Oggi è il primo _____

Quando si sveglia Camilla?
Camilla si sveglia prima _____

Che cosa fa Camilla in fretta e in furia?
Camilla si lava, si _____

Dove è lo zaino?
_____

Lo zaino è aperto o chiuso?
_____

Lo zaino è vicino al tavolo o lontano dal tavolo?
_____

Che cosa c'è sul tavolo?
Sul tavolo c'è _____

Che cosa dice Camilla tra sé a bassa voce?
Camilla dice: "Vediamo se _____

Quanti quaderni ci sono sul tavolo?
Sul tavolo ci _____

Di che colore sono le penne?
Le penne sono una _____

Dov'è il diario?
_____

Quanti libri ci sono sul tavolo?
_____

Che cosa manca?
Non _____ *nulla*

Chi c'è per strada?
_____

Che cosa fanno i ragazzi per la strada?
_____

Chi c'è davanti alla scuola?
_____

Come si salutano i ragazzi e le ragazze?
_____

il righello

i pennarelli colorati

il computer

Per parlare subito
Rispondi secondo il modello

la vecchia scrivania

il tavolino

Che cosa c'è nello zaino *(la merenda)*
Nello zaino c'è la merenda

1. Che cosa c'è nello zaino? *(la merenda)*

2. Che cosa c'è sul tavolo? *(una penna)*

3. Che cosa c'è nell'armadio? *(un vestito)*

4. Che cosa c'è sul comodino? *(il diario)*

5. Che cosa c'è per terra? *(lo zaino)*

Dove sono i libri? *(sul tavolo)*
I libri sono sul tavolo

1. Dove sono i libri? *(sul tavolo)*

2. Dove sono le penne? *(nello zaino)*

3. Dove sono i vestiti? *(nell'armadio)*

4. Dove sono i documenti? *(nel portafogli)*

5. Dove sono i treni? *(alla stazione)*

Dov'è lo zaino? *(per terra)*
Lo zaino è per terra

1. Dov'è lo zaino? *(per terra)*

2. Dov'è la merenda? *(nello zaino)*

3. Dov'è il diario? *(sul comodino)*

4. Dov'è il vestito? *(nell'armadio)*

5. Dov'è il quaderno *(sul banco)*

i compagni di scuola

un vecchio edificio
scolastico

La scuola italiana

A tre anni i bambini e le bambine italiani frequentano la Scuola.

ALLA SCUOLA DELL'INFANZIA

I bambini fanno disegno libero e creativo

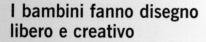

I bambini, ascoltano testi di musica e costruiscono oggetti vari

Le bambine visitano il territorio vicino alla scuola per conoscere l'ambiente naturale

ALLA SCUOLA PRIMARIA

Ragazzi e ragazze frequentano insieme la scuola.
Ci sono 40 ore settimanali, dalle ore 8 alle ore 16.
Questa scuola si chiama SCUOLA A TEMPO PIENO.

Ci sono lezioni regolari
e attività manuali.
I ragazzi e le ragazze
costruiscono, progettano,
fanno sport, recitano,
cantano, eccetera.

la ricreazione

A metà mattina la campanella suona.
Il lavoro si ferma.
I ragazzi e le ragazze fanno merenda.

In inverno giocano in aula.
In primavera ed in autunno giocano nel cortile della scuola.
In estate le scuole sono chiuse per le vacanze.

La scuola italiana

La signora rappresentata
nella vecchia banconota da
mille lire si chiama Maria
Montessori.
Medico e pedagogista è
famosa in tutto il mondo per
aver creato un metodo
didattico: Il metodo
Montessori.
La Montessori dà grande
importanza alla conoscenza
del mondo, dell'apprendimento
come esperienza.
Il metodo aiuta i ragazzi
a sviluppare i sensi
attraverso un materiale
da lei inventato che è
utilissimo ancora oggi e
che si usa nella scuola non
solo italiana.

Maria Montessori

Rispondi

Come si chiama la tua scuola?
La mia scuola si chiama

_____

Qual è l'indirizzo della tua scuola?

_____

Quanti studenti ci sono nella tua scuola?

_____

Quante studentesse ci sono nella tua scuola?

_____

Quanti professori ci sono nella tua scuola?

_____

Quante scuole ci sono nella tua città?

_____

Quante università ci sono nella tua città?

_____

Quanti compagni ci sono nella tua classe?

_____

Quante ragazze ci sono nella tua classe?

_____

Quanti ragazzi ci sono nella tua classe?

_____

A che ora arrivi a scuola?

_____

A che ora cominciano le lezioni?

_____

Quante ore rimani a scuola?

_____

Quante lezioni ci sono in un giorno?

_____

la festa di carnevale

Quante ore di lezione ci sono in una settimana?

_____

Quando finiscono le lezioni?

_____

A che ora arrivi a casa?

_____

Con che cosa torni a casa?

_____

gli zainetti degli scolari

Che cosa fai dopo le lezioni?

_____

Ci sono le lezioni il sabato? E la domenica?

_____

Che cosa fai la domenica?

_____

Con chi vai la domenica?

_____

Gli esami

Suggerimento per una recita teatrale

Il professor Balanzone sta facendo gli esami a tre studenti un po' particolari:
Arlecchino, Pulcinella, Colombina

Balanzone: Dunque, carissimi, eccoci finalmente al gran giorno degli esami. Ora vediamo se avete studiato veramente o avete scaldato i banchi.

Arlecchino: Io ho studiato moltissimo.

Pulcinella: Anch'io professore ho studiato tanto che la storia e la geografia mi vengono fuori dalle orecchie.

Colombina: Io ho gli occhi pieni di numeri, signor professore. Guardi l'occhio destro… Vede quel 17 che è rimasto lì, proprio sotto la palpebra? Mi dà un fastidio!

Balanzone: Male, male, signorina Colombina. Un numero nell'occhio non dovrebbe mai dare fastidio. Dunque cominciamo. Sentiamo… sentiamo… Pulcinella.

Pulcinella: Professore, non è possibile… prima le donne.

Balanzone: Poche scuse, Pulcinella dimmi quanto fa uno più uno?

Pulcinella: Come è facile? Che domanda facile! Grazie, grazie, signor professore. Permetta che le baci la mano… Avrò per Lei una riconoscenza eterna, porterò con me nella tomba il suo ricordo… Di nuovo, professore, grazie!

Balanzone: Non c'è di che. Quanto fa uno più uno?

Pulcinella: Fa meno, signor professore.

Balanzone: Come dici? Meno?

Pulcinella: Eh sì… uno più, uno meno… sa, uno più uno meno… uno più uno meno… uno più uno meno…

Balanzone: Basta così. Sarai bocciato e ripeterai l'anno. Tanto, come dici tu, uno più uno meno!…

Pulcinella: Ma professore, professore senta…

Balanzone: Basta. Sentiamo Arlecchino. Dimmi tu quanto fa uno più uno.

Arlecchino: Undici, signor professore.

Balanzone: Undici? Ma che cosa diavolo dici?

Arlecchino: Ma sì, provi a scrivere uno vicino a un altro uno …

Balanzone: Io scriverò uno, ma lo scriverò sul registro, vicino al tuo nome. Basta, bocciato anche tu.

Colombina: O cielo, tocca a me…

Balanzone: Colombina, tu che hai i numeri negli occhi, uno più uno quanto fa?

Colombina: Signor professore, mi faccia una domanda più difficile. Io quelle facili non le ho studiate.

Balanzone: Va bene, le faremo una domanda più difficile. Chi ha scoperto l'America?

Colombina: (si confonde) Ehm! Ehm!…

Balanzone: (irritatissimo) Chi ha scoperto l'America? Chi ha scoperto l'America?

Colombina: (scoppiando a piangere) Sono stata io, signor professore, ma non lo farò più, glielo giuro, non lo farò mai più! Mi perdoni per questa volta!…

Balanzone: Basta, basta per carità. Tutti bocciati! Via, via, via!… Ci rivedremo l'anno venturo.

(Liberamente da R. Rodari, Gli esami di Arlecchino, Einaudi, Torino 1987)

La Divina Commedia

Nel mezzo del cammin di nostra vita
mi ritrovai per una selva oscura,
ché la diritta via era smarrita.

Ahi quanto a dir qual era è cosa dura
esta selva selvaggia e aspra e forte
che nel pensier rinova la paura!

Tant'è amara che poco è più morte;
ma per trattar del ben ch'io vi trovai,
dirò dell'altre cose ch'i' v'ho scorte.

Io non so ben ridir com'io v'intrai,
tant'era pieno di sonno a quel punto
che la verace via abbandonai.

Ma poi ch'i' fui al pié d'un colle giunto,
là dove terminava quella valle
che m'avea di paura il cor compunto,

guardai in alto, e vidi le sue spalle
vestite già de' raggi del pianeta
che mena dritto altrui per ogni calle.

Allor fu la paura un poco queta,
che nel lago del cor m'era durata
la notte ch'i' passai con tanta piéta.

E come quei che con lena affannata,
uscito fuor del pelago alla riva,
si volge all'acqua perigliosa e guata,

così l'animo mio, ch'ancor fuggiva,
si volse a retro a rimirar lo passo
che non lasciò già mai persona viva.

Poi ch'èi posato un poco il corpo lasso,
ripresi via per la piaggia diserta,
si che 'l pié fermo sempre era 'l piú basso.

Dante

L'angolo della poesia

Treno

Il ricordo commosso di un viaggio in treno compiuto
tanto tempo prima in compagnia del proprio padre.

Ahi treno lungo e lento
(nero) fino a Benevento!
Mio padre piangeva sgomento[1]
d'essere così vecchio.

Piangeva in treno, solo,
davanti a me, suo figliolo.
Che sole nello scompartimento
vuoto, fino a Benevento!

Io nulla gli avevo detto,
standogli di rimpetto[2]
Per Bari proseguì solo:
lo lasciai lì, io, suo figliolo.

Giorgio Caproni

1. **sgomento:** turbato, depresso
2. **di rimpetto:** di fronte

Treno di fuoco

Vogliamo vivere così tutti vicini
uomini e bambini;
di fianco, spalla a spalla,
razza nera, bianca e gialla.

Tutti insieme sul prato del mondo
in un grande girotondo.
Di tanti colori innocenti facciamo
un colore soltanto,
di tanti diversi accenti un unico canto.

Più nessuno si sente straniero,
ecco palpita davvero
nell'ansia di ogni cuore
lo stesso messaggio d'amore.

(Libero adattamento da L. Drago,
Uccellino specchio del libro)

IN ITALIANO SI DICE

Note di fonetica e grammatica

Attenzione a...	fonetica

1. La consonanti **sole** e **doppie**. (Leggi e spiega)

caro	carro	capello	cappello	pena	penna
pala	palla	copia	coppia	sete	senne
casa	cassa	nono	nonno	rosa	rossa
pani	panni	ala	alla	cane	canne

2. L'accento **aperto** o **chiuso**. (Leggi e spiega)

vénti (numero)	non è uguale a	vènti (aria in movimento)
légge(regola)	non è uguale a	lègge (verbo leggere)
ésse (loro)	non è uguale a	èsse (lettera dell'alfabeto)
pésca (verbo pescare)	non è uguale a	pèsca (frutto)
pósta (verbo porre)	non è uguale a	pòsta (corrispondenza)
bótte (per il vino)	non è uguale a	bòtte (percosse)

3. **Bello**, **quello**, **santo** al maschile singolare

bel quadro	**bel** libro	**bel** film	**bel** ragazzo
quel quadro	**quel** libro	**quel** film	**quel** ragazzo
San Pietro	**San** Francesco	**San** Paolo	**San** Giovanni

IN ITALIANO SI DICE	grammatica

Buon lavoro!	Buon riposo!	Auguri!
Buon compleanno!	Benvenuto!	Tanti auguri!
Buon onomastico!	Bentornato	Complimenti!
Buon viaggio!	Buona fortuna!	Felicitazioni!
Buon appetito!	Tanti saluti!	Cento di questi giorni!

IN ITALIANO SI DICE

LE PREPOSIZIONI

Di chi	è	il libro? lo zaino? l'indirizzo	→	Il libro Lo zaino L'indirizzo	è	**di** Silvia **della** ragazza **del** ragazzo
	sono	le foto? le penne? le matite?		Le foto Le penne Le matite	sono	**dei** ragazzi **delle** ragazze **dell'**amico

DOV'È

Dove	è	il libro? il diario?	→	Il libro Il diario	è	**sul**	tavolo comodino
	sono	i soldi? le chiavi?		I soldi Le chiavi	sono	**nel**	portafoglio cassetto

C'È – CI SONO

Che Che cosa Cosa	c'è	**sul** tavolo? **sulla** sedia? **nel** cassetto? **nello** zaino?	→	**C'è**	un libro una penna
				Ci sono	i quaderni i regali
				Non c'è	nulla niente

LA CONIUGAZIONE RIFLESSIVA

ALZARSI	**FERMARSI**	**VESTIRSI**
io **mi** alzo	io **mi** fermo	io **mi** vesto
tu **ti** alzi	tu **ti** fermi	tu **ti** vesti
lui/lei **si** alza	lui/lei **si** ferma	lui/lei **si** veste
noi **ci** alziamo	noi **ci** fermiamo	noi **ci** vestiamo
voi **vi** alzate	voi **vi** fermate	voi **vi** vestite
loro **si** alzano	loro **si** fermano	loro **si** vestono

VERIFICA DEL
MODULO D

Usa il tuo italiano

VERIFICA DEL MODULO D

Esercizio A

Completa con le parole indicate sotto (se non ricordi vedi pag. 22)

Chi fa il cuoco lavora in cucina per preparare

_____

Chi fa l'operaio lavora in fabbrica per costruire _____

Chi fa il pilota lavora in aeroporto per guidare _____

Chi fa il musicista lavora in teatro per fare _____

Chi fa il professore lavora in classe per _____

macchine, gli aerei, da mangiare, insegnare, concerti

Esercizio B

Rispondi

A pag. 25 sono indicate le <u>materie</u> che i ragazzi italiani studiano.

Quante sono? _____

Quali sono? _____

E nella tua classe quante sono? _____

Quali sono? _____

Quante ore di lezione alla settimana ci sono per un ragazzo italiano? _____

E per te? _____

Quali materie sono presenti in una classe italiana e nella tua? _____

Esercizio C

Apri la pag. 27 e prova a cambiare tutte le parole dell'alfabeto dell'amore. Così:

A, come Affetto,

A, come Aspetto per incontrarti,

A, come Ansia di vederti,

A, come Attesa che non finisce mai,

A, come A te penso sempre,

B, come Buon S. Valentino!

B, ecc.

LE PAROLE del LAVORO

Lavoratore
Apprendista
Operaio
Professionista
Artigiano
Imprenditore
Agricoltore
Sindacato
Contratto
Salario
Stipendio
Busta paga
Datore di lavoro
Colleghi
Ufficio
Fabbrica
Officina

1. Riscrivi le parole con l'articolo

2. Trova le stesse parole nella tua lingua con l'aiuto dell'insegnante o del vocabolario

Esercizio D

Conosci qualche bella canzone d'amore italiana? Ascoltala.
Scrivi le parole. Prova a fare la traduzione nella tua lingua e
prova a cantarla nelle due lingue.

Esercizio E

Completa con i verbi tra parentesi

Tu dove _____ (andare) in vacanza? Quando
_____ (partire) _____ (andare) in moto
o in treno? A che ora _____ (arrivare)? E quando
_____ (tornare)?

Noi _____ (partire) tra due giorni. _____
(andare) dai nonni.
Con noi _____ (venire) anche i nostri cugini.
_____ (tornare) domenica 12.

Perché tu _____ (partire)? C'è una bella festa a
casa di Rossana. _____ (venire) tutti i nostri amici.
_____ (venire) anche quel ragazzo che ti piace.
Ci _____ (venire)?

Esercizio F

Leggi le pagine 34-35. Il treno

**Scrivi in un foglio tutte le parole che ricordi e dividile secondo
la categoria grammaticale**

Nomi	Aggettivi	Verbi	Articoli	Preposizioni
Treno	lunghissimo	fa	il	a
Pullman	grande	muovere	l'	all'
Macchina	tutti	correre	lo	sulle
ecc.	ecc.	ecc.	ecc.	ecc.

LE PAROLE dei VIAGGI

Prenotazione
Valigie
Biglietti
Partenza
Destinazione
Percorso
Tempo di percorrenza
Agenzia di viaggio
Pulman
Treno
Auto
Aereo
Nave
Crociera
Cammello
Cavallo
Viaggiatore
Moto
Taxi
Andata
Ritorno

1. Riscrivi le parole con l'articolo

2. Trova le stesse parole nella tua lingua con l'aiuto dell'insegnante o del vocabolario

Esercizio G

Prendi la carta ferroviaria di pag. 38 e prova ad organiz-zare un viaggio in alcune città italiane.

Esercizio H

Ora, per ogni città toccata puoi indicare qualche caratteristica?

Esercizio I

1. Serve per sedere
2. Serve per leggere
3. È nera e serve per scrivere
4. Serve per rimettere tutte le cose
5. Servono per dipingere
6. Si mangia
7. Rappresenta l'Italia

Esercizio L

Prova a recitare con i compagni il testo teatrale di pag. 58

Esercizio M

Prova a tradurre nella tua lingua il testo teatrale di pag. 58

Esercizio N

Indica la risposta giusta

MATTINA SERA

	MATTINA	SERA
Io mi sveglio alle sette	☐	☐
Faccio colazione	☐	☐
Vado a dormire	☐	☐
Vado in discoteca	☐	☐
Mi lavo	☐	☐
Andiamo al cinema	☐	☐
Guardo la TV	☐	☐
Prendiamo un tè	☐	☐

LE PAROLE della SCUOLA

I compagni
I professori
I bidelli
La classe
L'aula
La lezione
La palestra
Il dirigente
La segreteria
L'orario delle lezioni
I libri
Le discipline
I laboratori
La verifica
Il voto
L'interrogazione
L'esame
La promozione
La ricreazione
I viaggi d'istruzione

Trova le stesse parole nella tua lingua con l'aiuto dell'insegnante o del vocabolario

Esercizio O

Metti l'articolo alle parole della geografia qui di fianco.

Esercizio P

Volgi al singolare, quando è possibile, le parole della geografia qui di fianco.

Esercizio Q

Messaggio cifrato. Ad ogni numero corrisponde una lettera dell'alfabeto italiano. Leggi il messaggio.

10 – 9 – 18 – 1 – 10 – 9 – 1

5

19 – 12 – 1
14 – 5 – 12 – 9 – 17 – 13 – 10 – 1

1 = A
2 = B
3 = C
4 =
5 =
6 =
8 =
9 =

Esercizio R

Scrivere le parole corrispondenti alle definizioni.

1. Mese dopo giugno
2. Poltrona a due posti
3. Per scrivere
4. Formano l'anno
5. È accesa o spenta
6. Dopo il giorno
7. È composto di 12 mesi

LE PAROLE della GEOGRAFIA

Carta geografica
Monti
Coste
Laghi
Fiumi
Colline
Confini
Pianure
Boschi
Pianura
Province
Comuni
Capoluoghi
Capitali
Nord
Sud
Est
Ovest
Settentrione
Centro
Meridione
Isole
Penisole
Arcipelaghi

Trova le stesse parole nella tua lingua con l'aiuto dell'insegnante o del vocabolario

Esercizio S

Completa le frasi con le parola della geografia.

1. Roma è al _____ dell'Italia.
2. La Sicilia e la Sardegna sono le _____ più grandi.
3. L'Italia ha la forma di uno _____ .
4. La _____ Padana è attraversata dal Po.
5. Le Alpi sono _____ .

matita - cattedra - quaderno - penna - finestra - classe - libro - armadio

Esercizio T
GIOCHI DI PAROLE.

Ricomponi le parole in modo che abbiano significato per la scuola. (Se non riesci, leggi sotto)

ATTIMA   TRATADEC   DAQUOREN
NAPEN   SERIFANT   SACESL
RILOB   TOSIDU

Esercizio U
ELIMINA L'INTRUSO

Treno, carrozza, autobus, binario, stazione, ferrovia.
viaggio, colazione, partenza, arrivo, biglietto, orario.
occhiali, gonna, camicetta, pantaloni, scarpe, calze.
pizza, spaghetti, pesce, carne, frutta, telefono.
giornale, cinema, TV, orologio, telefono, radio.

LE PAROLE del TEMPO ORDINARIO

Il minuto
L'ora
L'aurora
L'alba
Il mattino
Il giorno
Il pomeriggio
La sera
L'imbrunire
Il crepuscolo
La notte
Oggi
Ieri
Domani
Avanti ieri
Dopo domani
La settimana
Il mese
L'anno
Il bimestre
Il trimestre
Il quadrimestre
Il semestre
L'orologio
Il calendario
L'agenda
La sveglia
Fine anno

Trova le stesse parole nella tua lingua con l'aiuto dell'insegnante o del vocabolario

Esercizio V
Completa le frasi con le parole del tempo

1. Ogni _____ mi alzo alle sette e trenta.
2. _____ mi sono annoiato veramente.
3. La _____ prossima sarà Natale.
4. Il _____ scorso sono stato all'estero.
5. Gli uccelli vanno a dormire alla _____ .
6. Ti telefono dopo _____ .
7. Tutte le _____ guardo la TV.
8. Conosco Carlo da _____ .
9. Pago l'energia elettrica ogni _____ .
10. Nel mio paese c'è un campanile che suona le _____ .

Esercizio Z

Bolletta per la fornitura di energia elettrica
Bimestre marzo - aprile 2005

Le stiamo fornendo energia in
Str Santa Lucia 6D1 2 B * *
06100 Perugia

per usi domestici
per abitazione di residenza
con tariffa D2
con potenza contrattualmente
impegnata di 3 kW (chilowatt)
e potenza disponibile
di 3,3 kW (chilowatt)

IMPORTANTE
803 500 : questo è il numero
del nuovo servizio
di **segnalazione guasti**,
gratuito e attivo
24 ore su 24, 7 giorni su 7.

Abbiamo calcolato questa bolletta
tenendo conto della lettura **2536** da
noi fatta il **06/04/2005**

Dall'altra parte del foglio troverà il
dettaglio delle letture, del consumo
calcolato e dei prezzi applicati.

**Il totale da pagare
entro il 03/05/2005
è di euro:**

47,26

Come da lei richiesto, sarà addebitato
nel giorno esatto della scadenza su
conto corrente presso:
Banca Dell'Umbria 1462 SPA .

Rispondi

1. Quanto è il totale da pagare per questa bolletta?
_____

2. A quale periodo si riferisce?
_____

3. Qual è la potenza fornita in Kw?
_____

4. Il n° 803500 a quale servizio si riferisce?
_____

5. Con quale modalità sarà pagata la bolletta?
_____

6. Quando scade?
_____

MODULO E
unità 13

IL TELEFONO
Pronto? Chi parla?

Pronto? Sono Luca, posso parlare con Marta?

Ciao, Luca, Marta non c'è. Io sono la mamma.

Devo dirle qualcosa?

No. Grazie, signora. La chiamo sul telefonino.

Vuoi il numero?

Grazie, non c'è bisogno. Conosco il numero a memoria.

Buongiorno, signora!

Ciao Luca.

Vero o falso

	Vero	Falso
1. Luca vuole parlare con Marta	☐	☐
2. Marta non è in casa	☐	☐
3. Al telefono risponde la mamma	☐	☐
4. Luca telefona a Marta più tardi	☐	☐
5. Luca manda a Marta un messaggio	☐	☐
6. Luca conosce a memoria il numero del telefono cellulare di Marta	☐	☐

Rispondi

il cellulare

Chi telefona?
Telefona Luca.
A chi telefona?
Telefona a _____
Chi risponde?
_____ la mamma.
Dove è Marta?
Marta non _____
Come la chiama Luca?
_____ al telefonino.
Come conosce il numero di Luca?
Lo conosce a _____

POSSIEDE IL CELLULARE

89 % dei ragazzi tra i 12 e i 17 anni
94 % tra i 18 e i 19 anni

MI SERVE PER...

39 % farmi trovare dagli amici
25 % farmi rintracciare dalla famiglia
18 % mandare sms
11 % squillare agli amici
5 % lavorare
2 % fare giochi

Parla con un/a compagno/a

Tu: *Pronto? Sono _____ . Chi parla?*
Lui/Lei: *Pronto. Sono_____ . Chi vuoi?*
Tu: *Vorrei_____ . È in casa?*
Lui/Lei: *No, non_____ . Vuoi lasciare un messaggio?*
Tu: *No, grazie. Gli/Le mando un messaggino sul telefonino.*

Amiche

Pronto? Sono Carla Mariani, con chi parlo?
Qui è casa Neri.
Buonasera, signora. C'è Laura?
Sì è qui. Te la passo.
Ciao, Laura. Sono Carla.
Finalmente! Ciao, Carla sono le otto passate. Ti aspettavo ... E le altre?
E la nostra sera al cinema. Giulia e Cristina, dove sono?
Siamo tutte qui, da mezz'ora, sotto casa tua, nella cabina all'angolo.
Ti telefono da parecchio, ma il tuo telefono è sempre occupato.
È mio fratello Andrea che parla per ore con i suoi amici e il telefono non è mai libero.
Allora, vuoi uscire? Vuoi venire al cinema?
Sì, certo che voglio. Arrivo subito! Aspettatemi!

Rispondi e completa

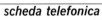
cabina telefonica

Chi chiama al telefono?
Chiama Carla _____ .

Chi risponde?
Risponde _____ *Neri.*

Carla, chi vuole?
_____ *Laura, l'amica.*

Che ore sono?
Sono le _____ _____ .

Chi sono le altre due amiche?
_____ _____ *due* _____ *sono Giulia e* _____ .

Da quanto tempo aspettano?
Aspettano da _____ ' _____ .

Dove aspettano?
_____ _____ *casa di Laura.*

Da dove telefonano?
Dalla cabina _____ '

Dove vogliono andare?
Vogliono andare _____ .

Come è il telefono di Laura?
Il telefono di Laura _____ *sempre* _____ .

Chi parla con gli amici? Sempre
Il _____ *di Andrea.*

Quanto parla con gli amici
Parla ore _____ _____ .

scheda telefonica

Le parole nel tuo cellulare

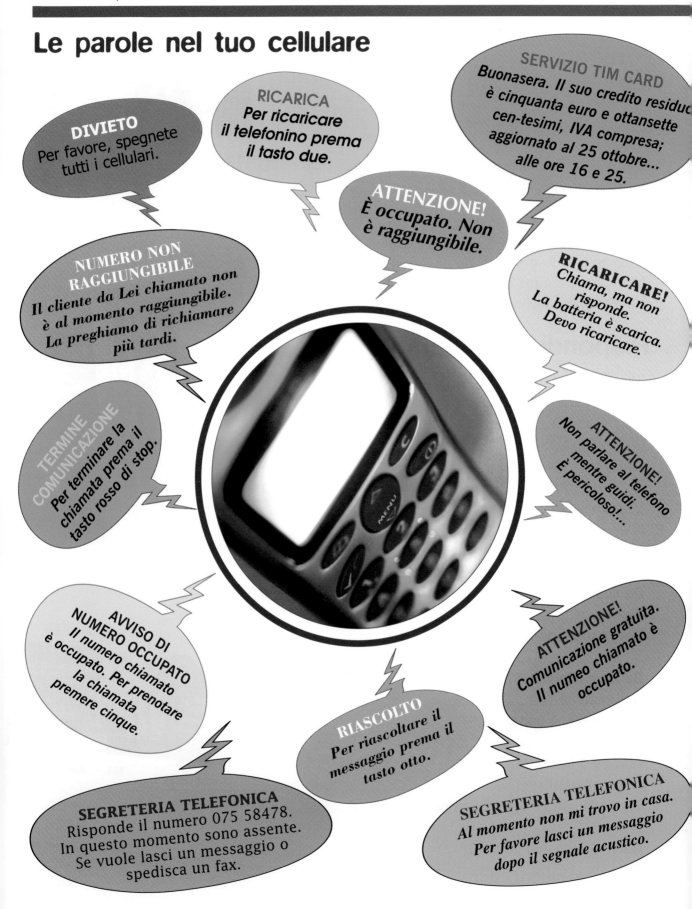

Il telefono

Chi ha inventato il telefono?
Gli Italiani dicono che l'inventore del telefono è Antonio MEUCCI.
Nato a Firenze, nel 1808 emigra negli Stati Uniti d'America dove realizza il telefono con i fili.
Guglielmo MARCONI, poi, nel 1895 riesce a trasmettere una comunicazione a grande distanza senza fili, con l'aiuto delle onde elettromagnetiche.
Il passo per arrivare alla radio è brevissimo.

Numeri di pubblica utilità

6929447
Aereoporto

4477
Automobile Club d'Italia

5009474
Acqua

5781
Guardia medica permanente

5000155
Gas

5723232
Polizia Municipale

5771
Municipio

5721111
Pronto Soccorso ambulanze

1478
Ferrovie dello Stato

56891
Polizia

167.237271
Elettricità

Numeri di emergenza

115
Vigili del Fuoco

112
Carabinieri

113
Soccorso pubblico di emergenza

116
Soccorso stradale

Il telefono... un mezzo rapidissimo per...

chiedere un appuntamento con un medico

- **Pronto? Signorina, telefono per prendere un appuntamento con il dottore.**
- *Dica pure.*
- **Vorrei una visita oculistica per lunedì 17.**
- *Non è possibile. Il lunedì lo studio è chiuso.*
- **E la settimana prossima?**
- *Va bene sabato alle 12 e 30?*
- **Perfetto. Sabato a mezzogiorno e mezzo.**

chiedere un appuntamento ad un amico

- **Pronto, Carlo? Sei libero martedì sera?**
- *No. Purtroppo martedì sera sono occupato.*
- **E, allora, quando sei libero?**
- *Facciamo mercoledì dopo pranzo, alle sei e un quarto.*
- **D'accordo. Ci vediamo mercoledì alle sei e quindici.**

accettare un appuntamento

- Sì, va bene.
- Con molto piacere!
- D'accordo, siamo intesi.
- Sì, giovedì è possibile.
- O.K., a giovedì. All'una precisa!

fissare un appuntamento

Benissimo. A che ora ci vediamo?
Mi passi a prendere tu?
Passo a prenderti io alle sette e dieci?
Vengo con l'autobus numero 22.
Torno con l'ultimo autobus.
Va bene. Ci vediamo alle venti davanti al cinema.

rifiutare un appuntamento

Mi dispiace, ma domenica sera
alle 17 e 40 non sono libera.
Purtroppo non sono libera nemmeno
la settimana prossima.
È impossibile! Devo uscire con i miei
genitori.Peccato! Proprio non posso liberarmi.
È la mia terza settimana di lavoro.

salutare e congedarsi

Siamo d'accordo. Ci vediamo!
Va bene, a questa sera!
Alle ventuno precise.
Ciao. Saluti!
A presto!

Che ore sono?

sono le 4 e 30
sono le 4 e mezza
sono le 16 e 30

sono le 7 e 55
sono le 8 meno 5
mancano 5 alle 8

sono le 12
sono le 24
è mezzogiorno
è mezzanotte

Metti le lancette agli orologi

sono le 3 e 15

sono le 2 e 45

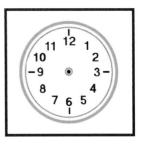

sono le 18 meno venti

Le persone
Descrizione del viso

UNA BIMBA ALLEGRA

Era una bimba con i capelli castani, ruvidi e folti che invadevano metà della fronte, una bocca rotonda sempre aperta alle risate, alle canzoni, agli strilli di gioia. *(M. Serao)*

LA NONNA

Era alta, diritta e sileziosa. I suoi occhi, con le palpebre rigonfie, erano due fessure leggermente piegate all'ingiù. La bocca sottile e dura. Il volto, dai lineamenti imperiosi, era addolcito da una nuvola di capelli soffici e bianchi, con qualche striatura giallastra, raccolti a chignon sulla nuca. *(M. Madieri)*

UN CONTADINO

Litu era un contadino dall'espressione cordiale. Aveva occhi piccoli, un po' arrossati, sotto spesse sopracciglia, e guance paffute, come quelle di un bambino. *(P. Sissa)*

UN BAMBINO

Dario non era né bello né brutto. Aveva gli occhi verdi e rotondi con le ciglia lunghe e dritte e due dentoni un po' sporgenti da farlo sembrare un coniglietto. *(B. Fo Garambois)*

MIA MADRE

Mia madre ha occhi neri e grandi e una bocca dolcissima. I suoi capelli, bianchi da quando aveva ventiquattro anni, brillano di una sfumatura azzurra simile a quella della neve appena caduta. *(M. Killilea)*

ANZIANA, MA ENERGICA
Berenice Mella era una donna anziana ma ancora energica. Pallida. Col viso segnato dalla fatica e due occhi chiari, freddi che solo raramente si accendevano di una luce di risentimento o di protesta. *(G. Tumiati)*

LA MOGLIE RINGIOVANITA
Sua moglie in jeans e camicetta, la frangia dei capelli cortissimi leggermente mossa dal vento, pareva a un tratto più giovane. Lo guardava con occhi più azzurri, più intensamente chiari. Il volto sorridente come quando era ragazza e meno affilato del solito
(M. Forti)

Forme ed espressioni del viso

Il viso delle persone, se vi fai attenzione, ti parla.

I sentimenti vengono espressi dalle linee degli occhi, delle sopracciglia, della bocca, delle rughe.
Le rughe sono quelle linee che, passando gli anni, segnano il volto.
Le linee del volto permettono di leggere solo il tipo fisico. Per tutti:
- un naso adunco rappresenta un uomo malvagio e cattivo
- le labbra strette e sottili indicano una persona avara
- le guance rosse e gonfie fanno pensare a un tipo simpatico.

Il linguaggio universale del cellulare

Tutti i giovani del mondo, per comunicare, usano questi segni.

:-)   *sono felice*

:'-(*piango*

%-(*sono confuso*

:-| *sono annoiato*

:"(*sto male*

@:-   *ho il ciuffo nei capelli*

8-)   *ho gli occhiali*

:-?   *non capisco*

:-9   *mi piace*

:/)   *non è divertente*

[ ]   *abbracci*

:-0   *sono stupito*

:-/   *hum, sarà?!*

:-   *sono senza parole*

(:-$ *sono malato*

(:-*   *ti mando un bacio*

il videotelefono

Ci vediamo al telefono

TELECOM ITALIA

Quando i nonni erano ragazzi...

Quando i nonni erano ragazzi, i telefoni cellulari non c'erano ancora. Niente conversazioni con amici o persone lontane. Niente messaggini.
Ma anche i ragazzi di una volta, per giocare, per divertirsi avevano trovato un modo per comunicare "a distanza". Un modo semplice. Facile. Fatto di cose povere.

... si costruivano loro un telefono

Per parlare da un posto all'altro della casa, della scuola, del cortile, della strada.
Prendevano due lattine o due barattoli. Prendevano uno spago lungo la distanza desiderata.

Praticavano un piccolo foro sul fondo dei due barattoli con un chiodo.
Infilavano nei fori uno spago sottile e lo fissavano con due nodi all'interno di
ogni barattolo.
Si prendevano in mano i barattoli e ci si allontavano in modo che il filo
rimangiasse teso. Si comincia a parlare.
È strano. Ma funzionava.
Provare per credere. Funziona anche oggi.

Posta elettronica e Internet

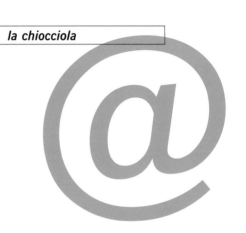

la chiocciola

Negli ultimi decenni si è passati dalla
comunicazione con i cavalli, dalla
corrispondenza con messaggeri,
dai segnali con il fumo degli Indiani,
alla modernissima
POSTA ELETTRONICA. **E-mail**
La E-Mail, quella con la "chiocciola".

La @ per la prima volta si è
vista a Venezia, nel 1700.

i giovani e il computer

E c'è anche INTERNET che ti mette
in contatto diretto con il mondo.

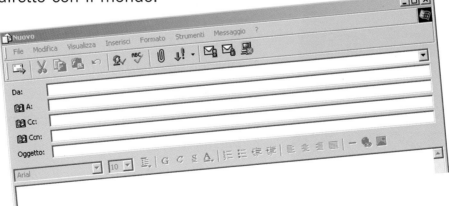

finestra di posta elettronica

Per parlare subito
Secondo il modello

il gelato

Che cosa vuoi fare? *(telefonare)*
Voglio telefonare

1. **Che cosa vuoi fare?** *(telefonare)*
2. **Che cosa vuoi fare?** *(una passeggiata)*
3. **Che cosa vuoi mangiare?** *(un panino)*
4. **Che cosa vuoi vedere?** *(un film)*
5. **Che cosa vuoi bere?** *(un succo di frutta)*
6. **Che cosa vuoi comprare** *(un vestito)*

Dove volete andare? *(al cinema)*
Vogliamo andare al cinema

1. **Dovete volete andare?** *(al cinema)*
2. **Dove volete passare le vacanze?** *(al mare)*
3. **Quando volete partire?** *(domani)*
4. **Che cosa volete fare?** *(giocare al calcio)*
5. **Che cosa volete comprare?** *(un regalo)*
6. **Con chi volete parlare?** *(con Mario)*

Puoi venire stasera a casa mia?
Mi dispiace ma non posso venire.

1. **Puoi venire stasera a casa mia?**
2. **Puoi rimanere ancora un po'?**
3. **Puoi aspettare ancora?**
4. **Puoi giocare con noi?**
5. **Puoi restare ancora un po'?**
6. **Puoi tornare domani?**

Un gelato.
Ho voglia di un gelato

1. **Un gelato**
2. **Una pizza**
3. **Pasta**
4. **Un cioccolatino**
5. **Un'aranciata**
6. **Un succo di frutta**

Devi telefonare?
Sì, ho bisogno di telefonare

1. **Devi telefonare?**
2. **Devi uscire?**
3. **Devi riposare?**
4. **Vuoi dormire?**
5. **Vuoi bere?**
6. **Vuoi tornare?**

i cioccolatini

Quando devi partire? *(fra una settimana)*
Devo partire fra una settimana.

1. **Quando devi partire?** *(fra una settimana)*
2. **Quando devi andare dal medico?** *(nel pomeriggio)*
3. **Perché devi andare dal medico?** *(non sto bene)*
4. **Perché devi andare subito?** *(ho un appuntamento)*
5. **Con chi devi parlare?** *(con il direttore)*
6. **A chi devi scrivere?** *(ai miei)*

IN ITALIANO SI DICE

Note di fonetica e grammatica

Accento tonico	fonetica

Tutte le parole italiane hanno l'accento tonico.

1. L'accento si trova nell'ultima vocale dell'ultima sillaba.

   Es: città, università, tassì, così, laggiù

2. Nella penultima sillaba.

   Es: càsa, pòrta, amìca, monuménto, specialménte

3. Nella terzultima sillaba.

   Es: fàcile, mèdico, sùbito, cèlebre, méttere, chiédere

4. Nella quartultima sillaba.

   Es: telèfonano, desìderano, móstramela, presèntameli

Attenzione! l'accento tonico è segnato solo quando si trova nell'ultima sillaba.

LA CONIUGAZIONE DEI VERBI	grammatica

PRESENTE INDICATIVO

VOLERE	POTERE	DOVERE
Io vogli-o	io poss-o	io dev-o (debb-o)
tu vuo-i	tu puo-i	tu dev-i
lui/lei vuol-e	lui/lei pu-ò	lui/lei dev-e
noi vogl-iamo	noi poss-iamo	noi dobb-iamo
voi vol-ete	voi pot-ete	voi dov-ete
loro vogli-ono	loro poss-ono	loro dev-ono (debb-ono)

IN ITALIANO SI DICE

IMPERFETTO	grammatica

LE TRE CONIUGAZIONI

parla- prende- dormi-	vo vi va vamo vate vano

AVERE

ave-	vo vi va vamo vate vano

ESSERE

ero eri era eravamo eravate erano

I NUMERI ORDINALI

Lunedì è il **primo** Martedì è il **secondo** Mercoledì è il **terzo** Giovedì è il **quarto** Venerdì è il **quinto** Sabato è il **sesto** Domenica è il **settimo**	giorno della settimana

Abito	all'**ottavo** al **nono** al **decimo** all'**undicesimo** al **sedicesimo** all'**ultimo**	piano

LE ORE

Che ore sono?	→	Sono le	7 (sette) 10,15 (dieci e un quarto) 12,30 (dodici e mezzo) 17,38 (diciassette e trentotto)
Che ora è?		È	l'una mezzogiorno mezzanotte

A che ora	parte il treno?	→	Il treno parte	alle 7 alle 12,30 all'una alle 9 di sera

MODULO E
unità 14

IL CIBO
Pronto? Pizzeria? Vorrei...

Pronto? Pizzeria "Il caminetto". Dica pure!
Vorrei ordinare tre pizze.
Va bene, signore. Come le preferisce?
Vorrei una "margherita",
una "quattrostagioni, una al "salame piccante".
A che ora viene a prenderle?
Non posso uscire, devo aspettare delle persone.
Me le mandi, per favore, verso le otto.
Vuole dirmi l'indirizzo preciso?

Vero o falso

	Vero	Falso
1. Il nome della pizzeria è "Il caminetto"	☐	☐
2. Il signore vuole ordinare quattro pizze	☐	☐
3. Il signore preferisce solo la "margherita"	☐	☐
4. Il signore va a prendersela di persona	☐	☐
5. Il signore non può uscire	☐	☐
6. Il signore le vuole prima delle otto	☐	☐

Rispondi

Come si chiama la pizzeria?

il forno a legna

La pizzeria _____

Che cosa vuole ordinare il signore al telefono?

Il signore al telefono _____ *pizze*

Quante pizze vuole ordinare?

_____ *tre* _____ .

Quali pizze vuole il signore?

_____ *vuole ordinare: una "pizza margherita", una "pizza*

_____ *", una "_____" .*

A che ora il signore va a prendere le pizze?

Il signore non _____ _____ *prenderle.*

Perché non va a prenderle?

Non _____ *a prenderle perché non* _____ _____ .

Perché il signore non può uscire?

Non può uscire perché _____ .

A che ora il signore vuole le pizze?

_____ .

Che cosa chiede la pizzeria per portare a casa le pizze?

La pizzeria _____ _____' indirizzo

La storia della pizza margherita

La pizza margherita è fatta con <u>olio</u>, <u>pomodoro</u>, <u>fettine di mozzarella</u>, <u>basilico</u> o <u>origano</u>.

Perché si chiama pizza margherita?

Si racconta che nell'estate del 1889 il re d'Italia Umberto e la moglie Margherita sono in vacanza a Capodimonte, vicino a Napoli.

Stanchi della loro cucina, vogliono provare la "pizza".

Il 9 giugno don Raffaelle Esposito, celebre pizzaiolo di Napoli, va dal re con la moglie Rosa. La coppia prepara tre pizze, due tradizionali ed una terza in onore del re e della regina e con i colori della bandiera italiana, il <u>rosso</u> del pomodoro, il <u>bianco</u> della mozzarella, il <u>verde</u> del basilico. La regina Margherita preferisce questa pizza e don Raffaele continua a farla nella sua pizzeria e la chiama, appunto, "pizza Margherita" come il nome della regina.

Per 4 pizze

- 50 g. di lievito di birra
- 700 g. di farina
- 4 cucchiai di olio extravergine
- 2 pizzichi di sale

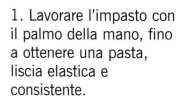

1. Lavorare l'impasto con il palmo della mano, fino a ottenere una pasta, liscia elastica e consistente.

2. Mettere la pasta in una insalatiera infarinata, coprire con un canovaccio e lasciare lievitare per un' ora, al caldo (circa 20°C).

3. Dividere la pasta in quattro palle. Stendere con le mani o con un mattarello, ricavando quattro dischi di circa 22 cm. di diametro.

4. Trattare l'impasto come se fosse pasta da pane, schiacciando con forza con il palmo delle mani, dal centro verso i bordi, per togliere l'aria.

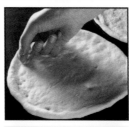

5. Appiattire i dischi, lasciando il bordo esterno un po' più spesso.

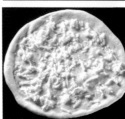

6. Versare il condi-mento scelto, lasciando libero il bordo.

Rispondi

la pizza

1. Qual è il nome della prima pizza?

Pizza Margherita.

2. Chi era Margherita?

Era una_____ .

3. Dove erano in vacanza il re e la regina?

Erano in _____ a Capodimonte.

4. Dove si trova Capodimonte?

Si trova vicino a _____ .

5. Quali sono i colori della pizza Margherita?

I colori sono _____, _____ e _____.

6. Questi colori cosa rappresentano?

I colori della _____ italiana.

Per parlare subito

Secondo il modello

Mangi una pizza?	**Vuoi il suo indirizzo?**
*Sì, **la** mangio volentieri*	*Sì, **lo** voglio*

1. Mangi una pizza?	1. Vuoi il suo indirizzo?
2. Bevi una birra?	2. Cambi il tuo appartamento?
3. Prepari la tavola?	3. Prendi un caffè?
4. Canti una canzone?	4. Conosci Marco?
5. Ascolti la musica?	5. Bevi un po' di vino?
6. Inviti Francesca?	6. Preferisci un gelato?

Avete comprato le paste?	**Avete prenotato i posti?**
*Sì, **le** abbiamo comprate.*	*Sì, **li** abbiamo prenotati.*

1. Avete comprato le paste?	1. Avete prenotato i posti?
2. Avete scritto le cartoline?	2. Avete invitato gli amici?
3. Avete salutato le amiche?	3. Avete salutato gli ospiti?
4. Avete fatto le foto?	4. Avete ricevuto i soldi?
5. Avete preparato le valigie?	5. Avete accompagnato i ragazzi?
6. Avete spedito le lettere?	6. Avete comprato i regali?

Che pizza!

	⌀32 MEDIA	⌀45 GRANDE
Margherita pomodoro, mozzarella	4,80	6,20
Marinara pomodoro, aglio, origano		
Bianca mozzarella		
Napoletana pomodoro, mozzarella, alici, origano	4,20	7,00
Boscaiola pomodoro, mozzarella, funghi		
Patate mozzarella, patate		
Capricciosa pomodoro, mozzarella, prosciutto cotto, funghi, carciofini	4,50	7,50
4 Stagioni pomodoro, mozzarella, prosciutto cotto, funghi, carciofini, olive		
Prosciutto pomodoro, mozzarella, prosciutto cotto		
Campagnola pomodoro, mozzarella, prosciutto cotto, funghi		
Piccante pomodoro, mozzarella, salame piccante	5,00	8,00
Perugina pomodoro, mozzarella, salsiccia		
Francescana pomodoro, mozzarella, funghi, prosciutto cotto	5,20	7,50
Vegetariana pomodoro, mozzarella, verdure scelte		
Bufalotta pomodoro, mozzarella di bufala		
Calzone funghi pomodoro, mozzarella, prosciutto cotto, funghi		
Calzone salsiccia pomodoro, mozzarella, salsiccia		
5 Formaggi mozzarella, emmenthal, fontina, italico parmigiano, gorgonzola	6,00	9,50
Ortolana mozzarella, pomodoro fresco, parmigiano a scaglie		
Tirolese pomodoro, mozzarella di bufala, spek		

Fatti la tua pizza

	MEDIA	GRANDE
Base Margherita	3,50	6,50
+ gli ingredienti che vuoi		
Olive nere - Capperi - Cipolla - Peperoncino	0,30	0,50
Alta (doppio impasto) - Doppio pomodoro Pomodoro fresco - Rucola - Prosciutto cotto	1,00	1,50
Doppia mozzarella - Formaggio pasta filante Funghi champignons - Salsiccia - Würstel Prosciutto crudo	1,20	2,00

Bibite Coca Cola - Fanta - Sprite l. 0,33 — Birra l. 0,33 3,00

Il servizio a domicilio si effettua tutti i giorni: *da lunedì a venerdì dalle ore 13,00 alle ore 14,30 da lunedì a domenica dalle ore 19,00 alle ore 22,00.*
I nostri incaricati hanno moneta per il resto fino a Euro 26,00

ACCETTA TUTTI I PRINCIPALI BUONI PASTO

Se utilizzi buoni sconto Pizza Oggi o buoni pasto convenzionati ricordati di indicarlo al momento dell'ordine

Il presente listino è in vigore dal 25 Agosto 1998. Annulla e sostituisce i precedenti.

Pizza oggi
PIZZA A DOMICILIO

TRADIZIONE E QUALITÀ DIRETTAMENTE A CASA VOSTRA
DAL FORNO AL PIATTO IN POCHI MINUTI

COME ORDINARE
- Numero di telefono, nome e cognome;
- L'esatto indirizzo ed eventuali riferimenti per trovarti più facilmente;
- I tipi di pizza che vuoi ordinare;
- I buoni sconto Pizza Oggi che intendi utilizzare;
- I buoni pasto che vuoi utilizzare;

CONSEGNA GRATUITA

TEL. 075.500.88.44

Rispondi

il prosciutto

Che cosa è una pizza?

_____

Quali sono le cose necessarie per fare una pizza?

_____

Quali sono i nomi di pizza che ricordi?

_____

Che cosa c'è nella pizza 'Margherita'?

_____

Che cosa c'è nella pizza 'Napoletana'?

_____

l'olio

Che cosa c'è nella pizza '4 stagioni'?

_____

Che cosa c'è nella pizza '5 formaggi'?

_____

Quanto costa una pizza 'Francescana' grande?

_____

E media?

_____

Che cosa si beve insieme alla pizza?

_____

Quante costa una bibita?

_____

la farina

Come si chiama il ristorante che prepara solo pizze?

_____

Per fare una buona pizza per 4 persone quanta farina è necessaria?

_____

Che cosa è necessario mettere nella farina?

_____

Che cosa metti sopra la pizza?

_____

Per quanto tempo una pizza deve restare nel forno per cuocere?

_____

Quanti gradi di calore sono necessari per la cottura?

_____

la salsa di pomodoro

Condizionale

In pizzeria

- Pizza Margherita, Marinara, Napoletana, 4 stagioni, 5 formaggi...
- Avresti voglia di ordinarle tutte, vero?
- Mi piacerebbe una Napoletana, ma non amo troppo il pomodoro.
- Potresti ordinare, allora, una 4 Stagioni. Ti andrebbe una 4 Stagioni?
- Buona idea. Per me una 4 Stagioni. La vorrei con tante olive. E per te?
- Una Capricciosa, con una birra media.
- Attenzione, non dovresti bere birra!... L'alcool, lo sai, ti potrebbe fare male...

ha paura di ingrassare

Combina le due frasi

Domenica verremmo al lago,	ma non ho la carta di credito
Lui tornerebbe subito,	ma hanno molta fretta
Lei mangerebbe ancora,	ma deve ancora superare un esame
Pagherei subito,	ma fa cattivo tempo
Aspetterebbero ancora,	ma non possiamo
Uscireste per fare quattro passi,	ma ha paura di ingrassare

... ma deve ancora superare un esame

Rispondi secondo il modello

- Vorresti andare in vacanza?
- *Sì, avrei proprio bisogno di andare in vacanza.*

- Vorremmo parlare con Lei
- *Ah sì? Vorreste parlare con me?*

1. Vorresti andare in vacanza?
2. Ti prenderesti un po' di riposo?
3. Ti ci vorrebbe una casa più grande?
4. Vorresti trovare un lavoro?
5. Speri di vincere alla lotteria?
6. Hai mal di testa. Vorresti un'aspirina?

1. Vorremmo parlare con Lei.
2. Potremmo anche sentirlo al telefono
3. Resteremmo ancora un po'
4. Dovremmo decidere noi
5. Rivedremmo volentieri quel film
6. Domani avremmo più tempo

Completa al condizionale con i verbi indicati

1. Torni a casa sempre così tardi. Non _____ *(potere)* tornare un po' prima?
2. Prende sempre delle multe salate. _____ *(dovere)* parcheggiare dentro le strisce.
3. Non _____ *(essere)* meglio smettere di bere tanti caffè? Siete sempre così nervosi.
4. La tua famiglia si è fatta numerosa, ti ci _____ *(volere)* un appartamento più grande.
5. Scusi mi _____ *(indicare)* dov'è la toilette?
6. Senti, mi _____ *(fare)* la cortesia di chiudere la porta?
7. Per favore, mi _____ *(prestare)* il tuo ombrello?
8. Mi _____ *(passare)* il formaggio, per cortesia?

famiglia

Per parlare subito

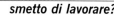

smetto di lavorare?

Rispondi secondo il modello

- Che cosa fai? Smetti di lavorare? *(continuare ancora un po')*

- *No, continuo ancora un po'.*

- Che cosa fai? Smetti di lavorare? *(continuare un po')*

- Che cosa fai? Te ne vai subito? *(rimanere ancora un po')*

- Che cosa fai? Dormi? *(riposare ancora un po')*

- Che cosa fai? Parti subito? *(rimanere ancora un po')*

- Che cosa fai? Vai subito a letto? *(guardare la TV ancora un po')*

- Che cosa fai? Non mi aiuti più? *(ti aiutare ancora un po')*

Prova tu secondo il modello

- Adesso me vado.

- Cosa hai detto? Te ne vai?

1. Adesso me ne vado.
2. Ora la chiamo al telefono.
3. Smetto di lavorare.
4. Vado all'estero.
5. Cambio lavoro.
6. Faccio un bel viaggio.

- Vorrei andare da Mario.

- È un'ottima idea, andiamo da Mario.

1. Vorrei andare da Mario.
2. Vorrei riposare un po'.
3. Vorrei bere una birra.
4. Vorrei fare una passeggiata.
5. Vorrei ascoltare un po' di musica.
6. Vorrei studiare insieme.

- Parto domani.

- Quando parti? Domani?

1. Parto domani.
2. Esco alle otto.
3. Domenica vado in montagna.
4. Arrivo subito.
5. Vengo appena è possibile.
6. Vengo a casa tua tra un'ora.

- Dovrei studiare di più..

- Certo, devi studiare di più, capito?

1. Dovrei studiare di più.
2. Dovrei andare dal medico.
3. Dovrei smettere di fumare.
4. Dovrei cambiare casa.
5. Dovrei essere meno timido.
6. Dovrei parlargli chiaramente.

- A che ora vuole la pizza? *(otto)*

- Voglio la pizza verso le otto.

1. A che ora vuole la pizza? *(otto)* - _____
2. A che ora ci vediamo? *(19,30)* - _____
3. A che ora comincia il film? *(21)* - _____
4. A che ora arrivi? *(23)* - _____
5. A che ora chiudono i negozi? *(19,45)* - _____
6. A che ora finisce la lezione? *(10,55)* - _____

I pasti degli italiani

La prima colazione

il cappuccino

Gli Italiani quando si svegliano per prima cosa bevono
il caffè. In casa o al bar ognuno ha un suo modo di
prepararlo e una sua marca preferita.
Quello del bar di solito è espresso, cioè molto ristretto,
ma può essere lungo, macchiato, decaffeinato.
Offrire un caffè, a casa o al bar, è un atto di normale
gentilezza.Un'altra bevanda molto amata è il cappuccino
fatto di caffè e latte con la schiuma. Di solito viene
accompagnato da un cornetto o da una brioche.

Il caffè

Come si prepara un buon caffè

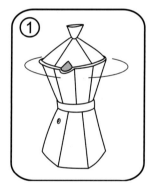

Si apre la caf-
fettiera moka

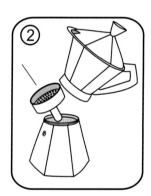

Si toglie il filtro

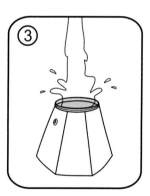

Si mette acqua
fresca. Non
usare acqua
bollita

Si versa la polvere
di caffè nel filtro
delicatamente
senza pressare

Si chiude
con forza

Si mette al
fuoco

**Si beve molto caldo.
È il momento più indicato
per godere aroma e gusto.
È la carica giusta per ore.**

Il pranzo e la cena
Il cibo centrale del pranzo o della cena italiani è:

La pasta

In Italia ci sono almeno 600 tipi differenti di pasta: spaghetti, rigatoni, penne, fusilli, tortiglioni, tagliatelle, lasagne, tortellini, ravioli, orecchiette, gnocchi, trenette, linguine, ecc.

Per preparare una buona pasta al pomodoro.

€ **0,80**
Tagliatelle Emiliane
BARILLA g 250

PER QUATTRO PERSONE

Prendi due cucchiai di olio di oliva.
Prendi un etto di parmigiano reggiano.
Prendi quattro etti di pasta. Prepara in una padella un po' di cipolla e di sedano con l'olio.
Scalda per cinque minuti.
Aggiungi i pomodoro a pezzettini senza buccia e senza semi.
Fai bollire per 15 minuti.
In una pentola di acqua bollente salata cuoci la pasta per circa dieci minuti.
Togli l'acqua e metti la pasta nella padella del pomodoro. Aggiungi il parmigiano e porta in tavola.

BUON APPETITO!

€ **1,80**
Riso Blond
GALLO Kg 1

€ **1,20**
Polpa Pronta
DE RICA g 400 x 3

€ **6,50** *il Kg*
Cannelloni al forno

€ **4,30** *il Kg*
Gnocchi alla romana

La spesa

La spesa della famiglia italiana comprende

IL PANE, LA PASTA, LA CARNE

il pane

la carne

IL PESCE

€ 5,00

€ 3,50
il Kg

€ 4,30
il Kg

l'orata

€ 9,50 il Kg

€ 8,50
il Kg

il branzino

gli anelli di calamari

le vongole veraci

IL FORMAGGIO

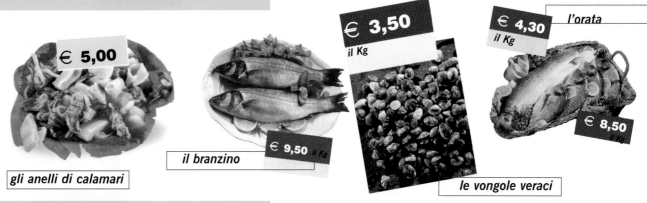

la caciotta delicata umbra

€ 5,20
il Kg

i formaggi

il pecorino semistagionato

33%

€ 8,50
il Kg

LA FRUTTA E LA VERDURA

gli spinaci in foglia

i pomodori

€ 0,50
il Kg

€ 2,70
il Kg

€ 3,10
il Kg

le lenticchie Colfiorito

l'uva

le mele

Rispondi

Quanti tipi di pasta ci sono in Italia?

_____

Quali nomi di pasta ricordi?

_____

Qual è l'elemento base per preparare un buon piatto di pasta?

_____

Per una pasta per quattro persone quanto olio di ci vuole?

_____

Quale tipo di olio è necessario?

_____

Qual è il formaggio migliore per la pasta?

_____

Quanti minuti deve bollire la pasta?

_____

Quali alimenti di base comprende la spesa di una famiglia italiana?

_____

Quali alimenti di base comprende la spesa di una famiglia del tuo Paese?

_____

Quali tipi di carne conosci?

_____

Quali nomi di pesce ricordi?

_____

Quali nomi di formaggi italiani conosci?

_____

Quali tipi di pasta preferisci?

Preferisco _____

Quali tipi di carne e pesce preferisci?

_____

Quale frutta tipica italiana conosci?

_____

Quali tipi di frutta tipica del tuo Paese conosci?

_____

Quali tipi di frutta preferisci?

_____

prodotti italiani

Parmigiano-Reggiano
Un formaggio unico al mondo
per genuinità, qualità,
valore nutritivo e digeribilità

RADIOGRAFIA
DEL CAMPIONE MONDIALE
DEI FORMAGGI NATURALI
(contenuto medio di 100 g. di prodotto)

umidità	g	30,8
proteine totali	g	33,0
grasso	g	28,4
energia	Kcal	395
calcio	mg	1160
fosforo	mg	680
calcio/fosforo		1,71
sodio	mg	640
potassio	mg	100
magnesio	mg	43
zinco	mg	4
vitamina A	µ g	298
vitamina E	µ g	444
vitamina B₁	µ g	32
vitamina B₂	µ g	370
vitamina B₆	µ g	106
vitamina B₁₂	µ g	4,2
vitamina PP	µ g	51
acido pantotenico	µ g	303
colina	mg	42
biotina	µ g	22

100 g. di Parmigiano-Reggiano vengono digeriti
in circa 45 minuti contro le circa 4 ore
necessarie per una identica quantità di carne.

PARMIGIANO-REGGIANO
c'è una bella differenza

formaggio italiano

PESI E MISURE PER FARE LA SPESA

il latte	si misura a	litri	**il pane carré**	si misura a	confezioni
la farina	"	kg (chilogrammi)	**la cioccolata**	"	stecche
il pane	"	fila	**la pasta**	"	pacco
l'olio	"	litri	**le caramelle**	si misurano a	pacchetto
lo jougurt	"	vasetti	**i pomodori**	"	barattolo
il formaggio	"	fette	**i biscotti**	"	sacchetto
la torta	"	fette			

Arlecchino e il profumo d'arrosto

Arlecchino è la maschera italiana che racconta la fame dei poveri. Ecco una storia conosciuta

Non è la prima volta che l'Arlecchino se ne va di qua e di là con un grande appetito in corpo.
Però questa volta cerca un posto dove mangiarsi tranquillamente la bella pagnottina che ha in tasca.
Passando davanti ad un'osteria, sente un delizioso profumo d'arrosto.
Si ferma ad annusare e poi si siede su un gradino a mangiare la pagnottina.

Arlecchino e Pulcinella

L'ha quasi terminata, quando sulla porta compare l'oste:
– Che cosa fai qui? – gli domanda.
– Non vedi? – risponde Arlecchino. – Mangio, mangio pane e profumo d'arrosto.
– Lo vedo – replica l'oste.
Però il profumo me lo devi pagare perché l'arrosto è mio.
Arlecchino, senza scomporsi, prende di tasca una monetina, la fa tintinnare sul marciapiedi e se la rimette in tasca.

Arlecchino e Colombina

– E allora? – chiese l'oste.
Mi paghi, sì o no?
– Ti ho pagato! – esclama Arlecchino. – Tu mi hai dato il profumo dell'arrosto e io ti ho pagato col suono della monetina.

Da "Il Novellino" libero adattamento

IN ITALIANO SI DICE

Divisione in sillabe	fonetica

1. **La sillaba è formata da:**

   - una sola vocale

     Es: **a**-mi-co, le-**o**-ne, te-**a**-tro, **a**-gi-ta-re

   - due o più vocali

     Es: **au**-to-mo-bi-le, p**ia**-no, p**uo**i, t**uo**i, m**ie**i

   - una vocale con una o più consonanti

     Es: li-be-ro, spi-ri-to, stra-or-di-na-rio, Na-po-li

2. **Divisione delle parole. Ecco come in italiano si dividono le parole e si formano le sillabe.**

   - una vocale all'inizio della parola non è seguita da consonanti dispari

     Es: **a**-bate, **a**-mi-co, **o**-no-re, **O**-tel-lo, **u**-ti-le

   - due consonanti doppie si dividono sempre

     Es: a**t-t**o-re, pa**l-l**o-ne, a**c-q**ua, a**s-s**a**s-s**i-no, to**s-s**e

   - più consonanti diverse restano insieme se possono stare all'inizio di una parola

     Es: mi-**st**e-rio-so, li-**br**o, sem-**pr**e, **str**a-nie-ro

   - **l**, **m**, **n**, **r** seguite da consonante fanno sillaba con la vocale che precede

     Es: ca**l-m**a, co**r-s**a, a**n-c**o-ra, ba**m-b**i-no

   - gruppi di vocali con la presenza di **i** oppure **u** (dittonghi e trittonghi non si separano)

     Es: f**io**-ren-ti-no, m**ie**i, b**uo**i, t**uo**i

IN ITALIANO SI DICE

CONDIZIONALE	grammatica

ESSERE

io	sa-**rei**
tu	sa-**resti**
lui/lei/Lei	sa-**rebbe**
noi	sa-**remmo**
voi	sa-**reste**
loro	sa-**rebbero**

AVERE

io	av-**rei**
tu	av-**resti**
lui/lei/Lei	av-**rebbe**
noi	av-**remmo**
voi	av-**reste**
loro	av-**rebbero**

	INVITARE	RISPONDERE	APRIRE
io	invite-**rei**	risponde-**rei**	apri-**rei**
tu	invite-**resti**	risponde-**resti**	apri-**resti**
lui/lei/Lei	invite-**rebbe**	risponde-**rebbe**	apri-**rebbe**
noi	invite-**remmo**	risponde-**remmo**	apri-**remmo**
voi	invite-**reste**	risponde-**reste**	apri-**reste**
loro	invite-**rebbero**	risponde-**rebbero**	apri-**rebbero**

VERBI IRREGOLARI AL CONDIZIONALE

Venire	➜ verrei	sapere	➜ saprei	rimanere	➜ rimarrei
Vedere	➜ vedrei	tenere	➜ terrei	dovere	➜ dovrei
Volere	➜ vorrei	vivere	➜ vivrei	andare	➜ andrei
Dire	➜ direi	dare	➜ darei	fare	➜ farei
stare	➜ starei	bere	➜ berrei	potere	➜ potrei

Dal diario di Marco

Caro diario,
quest'anno gira una brutta
influenza e io me la sono
presa. Ho avuto la febbre
e sono a casa da venerdì.
Domani ritornerò a scuola.
Rivedrò Elena…
Voglio invitarla alla mia
festa.
Le ho comprato un piccolo
regalo. Devo darglielo.

MODULO D
unità 15

LA FESTA
Non vedo Marco…
Starà male?

Dal diario di Elena

Caro diario,
sono tre giorni che non vedo Marco.
Chissà come mai non viene a scuola?
Starà male?
Domattina prima delle lezioni, mi metterò
seduta sulla panchina in Piazza Duomo
e lo aspetterò.

L'assenza

Caro diario, sono tre giorni che non vedo Marco. Chissà come mai non viene a scuola? Starà Male? Domani mattina lo aspetterò prima delle lezioni, alla fermata dell'Autobus n. 92, davanti alla Galleria.

Lui arriverà e camminerà con lo zaino sulle spalle e con passo spedito. Io starò lì e lo guarderò di nascosto. Chissà se si accorgerà di me?

Mi piace Marco. È un bel ragazzo. È tanto simpatico. Mi piacciono i suoi capelli neri, il suo sguardo profondo, il suo sorriso sincero.

Sabato sarà il suo compleanno. Ci sarà certamente una festa. LA SUA FESTA.

In classe gli andrò vicino e gli dirò:
- Ciao, Marco, come stai? Bentornato!
Forse troverà il coraggio di invitarmi.
E se non verrà?
Allora ho il suo numero di telefono lo chiamerò, così potrò almeno sentire la sua voce...

Caro diario, quest'anno gira una brutta influenza e io me la sono presa.

Ho avuto la febbre e sono in casa da venerdì. Domani ritornerò a scuola, rivedrò in compagni, i professori.

Ma soprattutto rivedrò Elena. Elena è molto graziosa, con gli occhi azzurri e i capelli biondi e lunghi.

Le ho comprato un piccolo regalo, ma non non trovo mai l'occasione per darglielo.

È sempre con qualche amica. Ma domani troverò una scusa per parlarle. Le racconterò della mia bruttissima influenza e le regalerò la cosa che tengo sempre qui in tasca.

Se avrò fortuna e l'incontro andrà bene la inviterò alla MIA FESTA per sabato prossimo 28 aprile. Ci saranno tutti. Quest'anno ci sarà anche Elena e sarà una festa davvero speciale. Spero!...

dal diario di Elena

dal diario di Marco

Mega enigmistica, Fotoedizioni

Vero o falso

	Vero	Falso
1. Elena non vede Marco da una settimana	☐	☐
2. Lo aspetterà dopo le lezioni	☐	☐
3. Lei lo guarderà di nascosto	☐	☐
4. Marco ha capelli castani e lunghi	☐	☐
5. Il compleanno di Marco è stato sabato 28 aprile	☐	☐
6. Marco ha avuto l'influenza con la febbre	☐	☐
7. Elena è sempre tanto timida con Marco	☐	☐
8. Se Elena sarà con le amiche, Marco non potrà parlare con lei	☐	☐
9. Marco aspetta un sorriso e forse una carezza	☐	☐
10. Il compleanno quest'anno sarà davvero speciale	☐	☐

Scelta multipla

1. Elena pensa che Marco non viene a scuola perché
- ☐ *sarà partito*
- ☐ *starà male*
- ☐ *non avrà voglia*

2. Marco passerà ed Elena lo
- ☐ *negli occhi*
- ☐ *fissa*
- ☐ *di nascosto*

3. Se Marco passerà lo guarderà
- ☐ *chiamerà*
- ☐ *guarderà*
- ☐ *eviterà*

4. Elena telefonerà a Marco per
- ☐ *sentire la sua voce*
- ☐ *invitarlo al cinema*
- ☐ *sapere come sta*

5. Marco ritornerà a scuola
- ☐ *il giorno dopo*
- ☐ *tra una settimana*
- ☐ *fra tre giorni*

6. Elena ha capelli
- ☐ *corti e biondi*
- ☐ *bruni e lunghi*
- ☐ *lunghi e biondi*

7. Marco inviterà Elena in classe per
- ☐ *chiedere un appuntamento*
- ☐ *offrirle un dono*
- ☐ *chiederle un favore*

8. Ci sarà anche Elena e sarà una festa davvero
- ☐ *eccezionale*
- ☐ *speciale*
- ☐ *unica*

Rispondi alle domande

Da quanti giorni Elena non vede Marco?
Elena non vede Marco da tre giorni.

Domattina dove lo aspetterà?

Quale autobus prende Marco?

Quando Marco arriverà come camminerà?

Cosa ci sarà sabato a casa di Marco?

Perché ci sarà una festa?

Perché Elena telefonerà a Marco?

Che cosa va in giro quest'anno?

Da quando è a casa Marco?

Come è Elena?

Che cosa ha comprato Marco per Elena?

Cosa farà Marco per parlare con Elena?

Che cosa Marco racconterà ad Elena?

Se l'incontro andrà bene cosa farà Marco?

Chi ci sarà alla festa?

Perché quest'anno sarà una festa speciale?

Marco va a scuola

L'influenza? È in arrivo

Le previsioni dei medici sono chiare.
Quest'anno un milione di ragazzi - molti di più dello scorso anno - dovrà stare a casa causa influenza. Si può prevedere l'arrivo del virus. Tra Natale e Capodanno sarà al Nord. Dopo la Befana nelle regioni del Centro. A fine gennaio sarà il Sud ad essere colpito.
Anche se meno severa della passata stagione - ci saranno due milioni e 300 mila Italiani ammalati rispetto ai tre milioni di un anno fa - .
L'influenza se la prenderà di più con i ragazzi. Un ragazzo su dieci fino a 14 anni dovrà rimanere a letto.

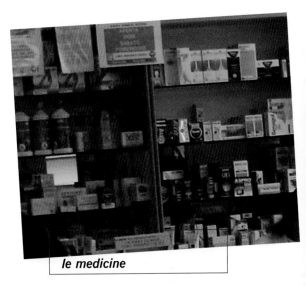

le medicine

Cure popolari

Per curare le malattie da raffreddamento si consiglia di bere molta acqua, rimanere a letto, e nutrirsi con latte caldo e miele.
Non è proibito leggere, vedere la televisione o telefonare agli amici. Se la febbre è molto alta si consiglia di fare impacchi alla fronte con un panno freddo.

il termometro

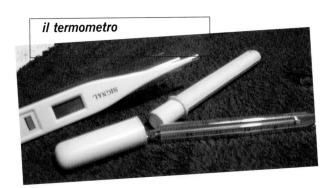

– Se ho capito bene, dottore, è proprio contagioso...

I pensieri di Elena

MI PIACE Marco!
È un bel ragazzo.
È davvero simpatico! Mi piace tutto di lui. Mi sembra proprio unico

Mi piace il suo sorriso...

Mi piacciono i suoi occhi profondi...

gli occhi dei ragazzi possono essere

PER LA FORMA

tondi, a mandorla, grandi, piccoli, ...

PER IL COLORE

Neri, azzurri, verdi, marrone, grigi, ...

lo sguardo dei ragazzi può essere

Profondo, luminoso, vivace, espressivo, freddo, caldo, tenero, innamorato, adirato, ...

I pensieri di Marco

ELENA è molto graziosa.

ELENA ha capelli castani e corti

ELENA ha gli occhi azzurri

il viso delle ragazze può essere

PER IL COLORE

Pallido, roseo, rosso, violaceo, scuro, chiaro, ...

PER LA FORMA

Tondo, ovale, quadrato, lungo, corto, affilato, paffuto, ...

i capelli delle ragazze possono essere

PER IL COLORE

Bruni, neri, biondi, rossi, ...

PER LA PETTINATURA

A caschetto, mezzo taglio, a coda di cavallo, scalati, con le trecce, con lo chignon, ...

PER LA FORMA

Lunghi, corti, lisci, crespi, ricci, fini, grossi, mossi, ondulati, con i boccoli, ...

Davanti allo specchio...

Ogni ragazza vorrebbe migliorare il suo aspetto fisico

lei

Alice, 15 anni

A **3 ANNI** si guarda allo specchio e vede
una REGINA

A **8 ANNI** si guarda allo specchio e vede
CENERENTOLA

A **15 ANNI** si guarda allo specchio e vede
la SORELLA BRUTTA di Cenerentola

A **20 ANNI** si guarda e si vede troppo grassa,
 troppo magra, troppo bassa, troppo alta,
con i capelli troppo lisci, troppo arricciati,
ma decide che uscirà di casa lo stesso

Marina, 20 anni

A **30 ANNI** si guarda allo specchio e si vede
troppo grassa, troppo magra, troppo bassa, troppo alta,
con i capelli troppo lisci, troppo arricciati,
**ma decide che non ha tempo di mettersi in ordine
e che uscirà di casa lo stesso**

A **40 ANNI** si guarda allo specchio e si vede troppo grassa, troppo
magra troppo bassa, troppo alta, con i capelli troppo lisci, troppo
arricciati, **ma dice: "Almeno sono pulita", ed esce di casa lo stesso**

A **50 ANNI** si guarda allo specchio **si vede che
c'è e se ne va dovunque abbia voglia di andare**

A **60 ANNI** si guarda allo specchio **e ricorda tutte
le persone che non possono più nemmeno
guardarsi allo specchio.
Esce di casa e conquista il mondo**

Maria Grazia, 50 anni

Giulia si prepara per una festa

Che mi metto?

Come mi trucco?

Come mi pettino?

I pantaloni a vita bassa che mi snelliscono

Metterò un po' di fard alle guance

Li alzo sopra la testa

La maglietta stretta che mi disegna la figura

Un ombretto chiaro che metta in luce gli occhi azzurri

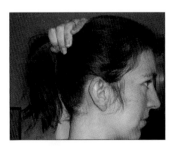

Faccio la coda di cavallo

Gli scarponi all'ultima moda che ho comprato giovedì

Il lucidalabbra con i brillantini

Appunto solo qualche ciocca, sono più eleganti

I sentimenti

Una persona può provare per un'altra persona: amicizia, amore, affetto, tenerezza, simpatia, commozione, gratitudine, gelosia, invidia, indifferenza, risentimento, rabbia, rancore

amicizia

"Dai, dimmelo! Che amico sei?"

simpatia

"Ma va! Davvero? Certo che sei simpatica!"

tenerezza
"Tesoro bello della mamma... smack"

amore
"Ti voglio bene!"; "Anch'io, tesoro!"

affetto
"Vieni con la nonna, amore, piccolino!"

rispetto
"Prego, signore, si accomodi pure!"

gelosia
"La mamma è mia. MIA! Capito"

commozione
"Quando li vedo così felici, mi viene da piangere!"

Leggi, ripeti e ricorda

I PENSIERI DI ELENA

MI PIACE Marco. È un bel ragazzo.
È davvero simpatico.
MI PIACCIONO i suoi capelli.
MI PIACCIONO i suoi occhi profondi e
il suo sorriso.
MI PIACE tutto di lui.
MI SEMBRA proprio unico.
Sarò, forse innamorata?

I PENSIERI DI MARCO

LE andrò vicino e LE dirò:
Ciao, Elena, come stai?
MI PIACE tanto Elena!
Voglio invitarla alla mia festa.
Devo parlarLE.
LE RACCONTERÒ della mia influenza.
LE HO COMPRATO un piccolo regalo.
Devo darGLIELO.

Rispondi

A chi piace Marco?

Marco piace a Elena

Come è Marco?

mi piacciono i fiori

È un bel ragazzo e anche?

Perché a Elena piacciono i capelli di Marco?

Che cosa le piace ancora di lui?

Come le sembra Marco?

mi piace viaggiare

Rispondi secondo il modello

- Ti piace la musica?	- Ti piacciono questi fiori?
- Sì, la musica mi piace molto	*- Sì, mi piacciono davvero*
1. Ti piace la musica?	5. Ti piacciono questi fiori?
2. Ti piace cantare?	6. Ti piacciono questi disegni?
3. Ti piace Laura?	7. Ti piacciono queste foto?
4. Ti piace viaggiare?	8. Ti piacciono questi paesaggi?

Benvenuti in italiano - volume 2 - MODULO E

Attenzione alla lingua!

a) <u>Mi dai</u> la chiave per favore? → MI DAI → "dai A ME"

b) Non <u>ti racconto</u> nulla, sei un chiacchierone → TI RACCONTO → "racconto A TE"

c) È il compleanno di Elena. <u>Le porto</u> un regalo → LE PORTO → "porto A LEI"

d) Se vedi Sergio, <u>gli dici</u> che l'aspetto? → GLI DICI → "dici A LUI"

e) Non vi ho telefonato, perché me ne sono dimenticato → VI HO TELEFONATO → "ho telefonato A VOI"

f) Complimenti per la laurea. Ora <u>ci offri</u> un drink → CI OFFRI → "offri A NOI"

g) Sono stati bravi. Voglio <u>regalargli</u> (<u>regalare loro</u>) qualcosa → REGALARGLI → "regalare A LORO"

Completa con i pronomi indiretti

1. Tua madre ti ha scritto. Quando _____ rispondi?

2. Se vedi Francesco, _____ dai questo libro, per favore?

3. Non sono andato dai miei. _____ ho telefonato per scusarmi.

4. Voglio farvi un pensierino. _____ va bene un disco?

5. L'ho incontrato al bar e (io) _____ ho offerto una bibita.

6. L'ho incontrata al bar e (io) _____ ho offerto un gelato.

7. Che cosa _____ è successo? Sei tutto agitato!

8. Non _____ importa più nulla di lei. Non la voglio più vedere.

Leggi, osserva e memorizza

Sabato prossimo sarà il suo compleanno. Ci sarà una festa.
Ci saranno tutti gli amici.
Forse mi inviterà.
Sono sicuro che troverà il coraggio di invitarmi.

Per parlare subito

Rispondi secondo il modello

- A chi telefonerai? *(al mio amico)*

- *Telefonerò al mio amico*

1. A chi telefonerai? *(al mio amico)*

2. Quando arriverai? *(la prossima settimana)*

3. Quanto tempo resterai? *(un mese)*

4. Dove aspetterai? *(davanti alla stazione)*

5. Cosa prenderai al bar? *(un gelato)*

6. A chi scriverai? *(a mia madre)*

7. A che ora finirai? *(tardi)*

8. Con chi uscirai? *(con la professoressa)*

Quando saprete il risultato dell'esame?

- Domani a che ora arriverete *(alle otto e trenta)*

- *Verremo alle dodici e trenta*

1. Domani a che ora verrete? *(alle dodici e trenta)*

2. Che cosa farete? *(una visita al museo)*

3. Quando andrete in giardino *(dopo la lezione)*

4. Quanto rimarrete ancora? *(due settimane)*

5. Come andrete a scuola? *(a piedi)*

6. Quando saprete il risultato dell'esame? *(domani)*

Metti le frasi al futuro

la farmacia - esterno

> - Finisco il lavoro e poi esco
>
> *- Finirò il lavoro e poi uscirò*

1. Finisco il lavoro e poi esco
2. Leggo un po' e poi dormo
3. Faccio una passeggiata e poi rientro a casa
4. Vado al centro e incontro gli amici
5. Vado alla stazione e faccio il biglietto
6. Salgo in treno e parto
7. Scendo in farmacia e compro una medicina
8. Prendo una pillola e mi sento subito meglio

Metti al futuro i verbi tra parentesi

1. Se noi _____ *(fare)* in tempo, _____ *(essere)* un miracolo
2. Se _____ *(bere)* troppo, poi ti _____ *(sentire)* male
3. Se voi _____ *(programmare)* male il lavoro, poi _____ *(avere)* problemi
4. Se tu _____ *(sposare)* quel buono a nulla, poi _____ *(pentirsi)*
5. Solo se il passaporto _____ *(essere)* a posto, voi _____ *(potere)* partire
6. Se voi _____ *(dire)* sempre queste sciocchezze, nessuno vi _____ *(ascoltare)*
7. Solamente chi _____ *(sapere)* parlare correttamente, _____ *(superare l'esame)*
8. Se noi _____ *(essere)* liberi, _____ *(venire)* certamente

Fai le domande

> - Cosa farete dopo cena?
>
> *- Andremo al cinema*

1. _____?
   Andremo al cinema
2. _____?
   Telefoneremo ai nostri amici
3. _____?
   No, non usciremo stasera
4. _____?
   No, non rimarremo ancora in questo appartamento
5. _____?
   Ci alzeremo prestissimo

la farmacia - interno

IN ITALIANO SI DICE

Note di fonetica e grammatica

| La D eufonica | fonetica |

Questa consonante spesso si unisce alla congiunzione **e** oppure alla preposizione **a** quando la parola che viene dopo comincia per vocale.

1. È obbligatorio aggiungere questa **D** (chiamata eufonica) quando la congiunzione o la preposizione sono vicine a parole che iniziano con la vocale identica.
   Es.: Antonio e**d E**lio vanno a**d A**osta e poi a**d A**ncona

2. Se invece l'incontro è tra vocali diverse l'uso della **D** eufonica non è consigliabile.
   Gianni e Angelo   Sto parlando a Ermanno

3. Così pure si deve evitare l'uso della **D** nella frequentissima espressione TU E IO.
   Es.: Non TU IO.

| FUTURO SEMPLICE | grammatica |

	INVITARE	RISPONDERE	APRIRE
io	invite-**rò**	risponde-**rò**	apri-**rò**
tu	invite-**rai**	risponde-**rai**	apri-**rai**
lui/lei/Lei	invite-**rà**	risponde-**rà**	apri-**rà**
noi	invite-**remo**	risponde-**remo**	apri-**remo**
voi	invite-**rete**	risponde-**rete**	apri-**rete**
loro	invite-**ranno**	risponde-**ranno**	apri-**ranno**

IN ITALIANO SI DICE

FUTURO SEMPLICE	grammatica

ESSERE

io	sa-**rò**
tu	sa-**rai**
lui/lei/Lei	sa-**rà**
noi	sa-**remo**
voi	sa-**rete**
loro	sa-**ranno**

AVERE

io	av-**rò**
tu	av-**rai**
lui/lei/Lei	av-**rà**
noi	av-**remo**
voi	av-**rete**
loro	av-**ranno**

VERBI IRREGOLARI AL FUTURO

venire	→ verrò	sapere	→ saprò	rimanere	→ rimarrò
vedere	→ vedrò	tenere	→ terrò	dovere	→ dovrò
volere	→ vorrò	vivere	→ vivrò	andare	→ andrò
dire	→ dirò	dare	→ darò	fare	→ farò
stare	→ starò				

I PRONOMI PERSONALI INDIRETTI

VERBO **PIACERE**

mi, ti, gli/le/Le	piace	la pizza, viaggiare, la musica
ci, vi, gli/loro	piacciono	le corse d'auto, le vacanze insieme, i concerti di musica rock

mi	= a me
ti	= a te
gli	= a lui
le	= a lei
Le	= a Lei
ci	= a noi
vi	= a voi
gli	= a loro

ALCUNI VERBI CHE REGGONO IL PRONOME PERSONALE INDIRETTO

dire a	portare a	parlare a	raccontare a
offrire a	dare a	scrivere a	telefonare a
consegnare a	regalare a	presentare a	sembrare a
parere a	piacere a	dispiacere a	consigliare a

VERIFICA DEL MODULO E

Usa il tuo italiano

Esercizio A
Rispondi

- Pronto? Con chi parlo? - _____
- Buona sera. C'è Laura? - _____
- E le altre, dove sono? - _____
- Vuoi uscire? - _____
- Vuoi venire al cinema? - _____
- Vuoi il numero di telefono? - _____
- Devo dirle qualcosa? - _____
- Vuoi lasciarle un messaggio? - _____

Esercizio B
Che fare?
Scrivi le azioni conseguenti

1. Per terminare le chiamate devo _____
2. Per prenotare la richiamata bisogna _____
3. Se il cliente chiamato non è raggiungibile devo _____
4. Se la batteria è scarica bisogna _____
5. Se guidi non devi _____
6. Per ricaricare il cellulare bisogna _____
7. Se il numero è occupato devo _____
8. Per terminare la conversazione bisogna _____

Esercizio C
Metti in corrispondenza i numeri telefonici con i servizi

Sei-nove-due-nove-quattro-quattro-sette   Automobil Club Italia

Quattro-quattro-sette-sette   Ferrovie dello Stato

Cinquantasette-ottantuno   Gas

Uno-quattro-settantotto   Municipio

Cinquemila-centocinquantacinque   Soccorso pubblico

Cinque-settantasette-uno   Guardia medica

Centoquindici   Aeropoto

Centotredici   Vigili del Fuoco

LE PAROLE della CUCINA

La pentola
La padella
Il cucchiaio
Il coltello
Il bicchiere
La bottiglia
Il tovagliolo
Il mestolo
Il piatto fondo
La scodella
Il coperchio
Il sottopentola
La pentola a pressione
La bilancia
Il mattarello
Il macinacaffé
Il forno
Il lavello
Il rubinetto dell'acqua
L'oliera
La saliera
La zuccheriera
Il portapane
Lo scolapasta
Lo strofinaccio
Lo stampo
Il fornello a gas

Trova le stesse parole nella tua lingua con l'aiuto dell'insegnante o del vocabolario

Esercizio E
Invia un S.M.S. (messaggino) ad un amico usando il linguaggio del cellulare

_____

Esercizio F
Cambia l'infinito dei verbi con il modo, il tempo, la persona giusti

LA COLAZIONE
Gli Italiani quando _____ (svegliarsi) per prima cosa _____
(bere) il caffè.
In casa o al bar ognuno _____ (avere) il suo modo di prepararlo e una sua marca preferita.
Quello del bar di solito _____ (essere) espresso, cioè molto ristretto, ma _____
_____ (potere) essere lungo, macchiato, decaffeinato.
Offrire un caffè a casa o al bar _____ (essere) un atto di normale gentilezza.
Un'altra bevanda molto amata _____ (essere) il cappuccino fatto di caffè e latte con la
schiuma.
Di solito _____ (venire) accompagnato da un cornetto o da una brioche.

Esercizio G
A fare la spesa (vedi i prezzi a pag. 96)

La signora Anna fa spesa al supermercato e compera
- 1/2 Kg. (mezzo chilogrammo) di vongole veraci,
- 3 etti di formaggio pecorino,
- 1 Kg. di riso,
- 250 grammi di tagliatelle,
- 2 Kg. di spinaci.
Sai dire quanto spende?

Esercizio H
Sostituisci il verbo fare con un sinonimo più preciso scegliendo in fondo

Faccio un viaggio   Faccio la Scuola Media
Faccio una ricerca   Faccio due passi
Faccio una visita   Faccio finta di niente
Faccio nuoto   Faccio le scale di corsa
Faccio danza   Faccio tardi

_frequentare – visitare – ricercare – nuotare – danzare – fingere – viaggiare – passeggiare –
salire - ritardare_

Esercizio I
Cambiare l'infinito con il condizionale

1. Mia madre _____ (volere) che io studiassi di più
2. Ti _____ (regalare) un maglio nuovo se sapessi la tua taglia
3. Prima di partire li _____ (salutare)
4. _____ (dovere) telefonare a tua madre. Ti ha cercato
5. Le _____ (dire) sinceramente tutto, signor Commissario, ma non conosco i fatti.
6. Mi faccia il favore di richiamare, _____ (dovere) proprio parlarle.
7. Voi _____ (venire) con me?
8. So che non sarete in città, altrimenti vi _____ (invitare) alla mia festa.

Esercizio L
Trasforma al futuro

1. Prendo la medicina così guarisco presto. _____
2. Andiamo a scuola e studiamo volentieri l'italiano. _____
3. Viaggiate in aereo? _____
4. Passate a prendermi? _____
5. Mi telefoni o mi scrivi? _____
6. Non parlo con Maria altrimenti mi arrabbio. _____
7. Frequento l'Università a Bologna e mi laureo presto _____
8. Finisci il lavoro e poi esci per riposarti un po'. _____

Esercizio M
Elimina l'intruso

Febbre - influenza - medicina - malattia - coperta - dottore

LE PAROLE della SPESA

La lista
Il carrello
Il bancone della frutta, del pesce e della carne
Il pacco di pasta
Una confezione di biscotti
Un barattolo di caffè, di pomodori, di legumi
Una bottiglia di vino
Una bottiglia d'olio
Una cassa d'acqua minerale
Una busta di latte
Un filone di pane
Una bustina di vaniglia
Un vasetto di yogurt
Una scatola di cioccolatini
I surgelati
Un sacchetto di patate
La cassa, la cassiera
La carta di credito
Il denaro, il resto
Lo scontrino fiscale
Il sacchetto

Trova le stesse parole nella tua lingua con l'aiuto dell'insegnante o del vocabolario

Esercizio N
Riordina le frasi

1. La carne di vitellone
2. Il telefono fu inventato
3. La panchina del parco
4. Ho telefonato al medico
5. Elena e Marco
6. Scriverti
7. Ti ho chiesto

a) si sono innamorati
b) verniciato di fresco
c) perché ho la febbre
d) contiene proteine
e) da Meucci
f) di accompagnarmi al cinema
g) mi piacerebbe

Esercizio o
Completa con i pronomi diretti

1. Sono pesanti queste valige. _____aiuti a portar_____?
2. Parla più forte, per favore! Non _____ sento.
3. Smetti di disturbar_____! Non vedi che sono occupati?
4. Se _____ chiami all'ora dei pasti, puoi trovarci in casa.
5. Il mio treno parte tra poco. Potresti accompagnar_____ alla stazione?
6. Se _____ aspetti, tra un minuto sono pronta e vengo con te.
7. Possibile che quando ti parlo non _____ ascolti mai!?
8. Non _____ riconosci? Siamo stati compagni di classe.
9. È straniero. Se non parli lentamente, non _____ capisce.
10. _____ ho chiamato a lungo, ma non mi avete risposto.

Esercizio P
Completa con i pronomi diretti

1. Se vuoi un caffè, te _____ preparo subito.
2. Signore, abbiamo un appartamento proprio come _____ cerca Lei. Se desidera veder_____, possiamo prendere un appuntamento.
3. Ora sono troppo occupato. Mi dispiace, ma di' alla signora che non _____ posso ricevere.
4. Un cioccolatino _____ prendo volentieri, grazie!
5. È comoda, elegante, ed economica questa auto. Vuole provar_____?
6. Abbiamo preparato gli inviti per la festa. Nel pomeriggio _____ spediamo.
7. Le mie amiche sono già al centro e _____ aspettano. Non voglio far_____ aspettare.
8. Sono già al mare, i ragazzi. _____ vado a trovare sabato.
9. È veramente un bravo medico: parla a lungo con i pazienti, _____ ascolta, _____ aiuta, e_____ incoraggia.
10. Prendi le valige, per favore! _____ ho lasciate sopra.

Esercizio Q
Metti i verbi tra parentesi all'imperfetto

Un contadino che non _____ (sapere) né leggere, né scrivere è entrato in un bar.

Seduto ad un tavolo _____ (guardare) gli altri clienti.

Alcuni _____ (parlare), alcuni _____ (bere) il loro caffè.

In un angolo c'_____ (essere) un signore che, messi gli occhiali, _____

(leggere) il giornale tranquillamente.

- Non ho gli occhiali, ha pensato. Non posso leggere perché non ho gli occhiali!

E, uscito in fretta, è andato a comprarne un paio.

Esercizio R
Trova e scrivi tutte le azioni del papà espresse con l'indicativo imperfetto

Tutti i pomeriggi, dopo mangiato, papà accendeva la radio per sentire le notizie in varie lingue... Poi si alzava e andava ad appendere la sua vestaglia al solito posto e si infilava la giacca.
Scaldava un dito d'acqua in un pentolino per prepararsi il nescafé solubile e sempre ne versava un poco.
Quindi si annodava le scarpe per uscire e si sedeva su una seggiola per allacciarle.
Poi portava le pantofole nell'armadio e, dopo aver salutato tutti noi, se ne andava.

(Da M. F. Moro, *La casa dei cento Natali*, Rizzoli)

Esercizio S
Riordina le frasi

1. La Italiani piace pasta molto

2. Sì, caffè molti Italia bevono in

3. Il soprattutto con i comunicano cellulare giovani

4. Bevanda il colazione è della cappuccino prima la preferita

5. Non amore per età c'è l'

6. Il pasta consumati cibi i sono dagli lapane Italiani e

Esercizio T
Cruciverba

ORIZZONTALE
1. Articolo femminile
2. Tessuto molto caldo
3. Si danno ai camerieri
4. Corre sui binari
5. Le ore 24
6. Plurale di ira
7. Ancona, sigla
8. Napoli, sigla
9. Nonno
10. Saluto latino
11. Liquido della bocca

VERTICALE
2. Invece
3. La mangia Biancaneve
4. Per fare la bistecca
5. Eroe antico greco
6. Primo, secondo, nel teatro
8. Napoli, sigla
9. Preposizione articolata

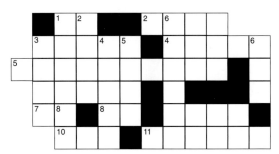

Soluzioni

treno saliva - ora - NA - mezzanotte - mela - mance
la, lana - ire - Enea - carne - avo - ave - otto - anzi - AN - al

Esercizio U
Quali sono i piatti tipici del tuo Paese? Potresti descriverli?

_____
_____
_____
_____

Scambia con i compagni una facile ricetta.

_____
_____
_____

F

MODULO F
unità 16

LE VACANZE
Dove sei stato?
Bentornato!

Una settimana al mare

Sara: Bentornata, Anna Maria! Dove sei stata?

Anna Maria: Ciao, Sara! Sono stata in vacanza. Ho passato due settimane bellissime al mare.

Sara: Con chi sei andata?

Anna Maria: Sono andata con i miei. Con papà e mamma.

Sara: Ti sei divertito?

Anna Maria: Moltissimo. Con papà abbiamo pescato, siamo andati in barca.
Mia madre Chiara mi ha insegnato a nuotare con le pinne e con la maschera.
Ora sono davvero la più brava di tutti.

Vero o falso

	Vero	Falso
1. Sara è stata in vacanza	☐	☐
2. Sara ha passato tre belle settimane al mare	☐	☐
3. Sara è andata con gli zii	☐	☐
4. Sara si è divertita moltissimo	☐	☐
5. Sara con papà ha pescato e imparato a nuotare	☐	☐

Indica la forma giusta

1. Sara è stata in vacanza
☐ *al lago*
☐ *in campagna*
☐ *al mare*

2. È andata con
☐ *i cugini*
☐ *i suoi*
☐ *gli amici*

3. Con papà ha
☐ *pescato*
☐ *nuotato*
☐ *pescato ed è andato in barca*

Rispondi alle domande

1. Dove è stata Sara?

2. Quante settimane ha passato al mare?

3. Come sono state le due settimane?

4. Con chi è andato al mare?

5. Quanto si è divertito?

6. Che cosa hanno fatto il papà e Sara?

7. Che cosa le ha insegnato la mamma Chiara?

pesca subacquea

Leggi e ripeti

LA VACANZA DI ANNA MARIA - Lettera a Sara

Carissima Sara,
anche quest'anno sono stata in vacanza con la mia famiglia al mare in Sardegna. Il papà ha prenotato una camera in un albergo a tre stelle. Una camera con bagno, telefono, TV a colori, aria condizionata e vista sul mare. Siamo partiti in macchina. Abbiamo preso l'autostrada al casello di Firenze, direzione Pisa. Da Pisa verso Sud fino a Civitavecchia. Qui siamo usciti dall'autostrada, siamo andati al porto e siamo saliti sulla nave per Olbia in Sardegna. La nave è arrivata dopo alcune ore. Ottimo albergo, moderno, più bello di quello dell'anno scorso, confortevole, con bar, piscina e sala da ballo. Sono stati dieci giorni da sballo. Mi sono divertita moltissimo. Ho fatto tante nuove amicizie. Ragazzi e ragazze simpaticissimi: insieme in spiaggia, insieme per negozi, insieme a spasso e, specialmente, insieme in discoteca.
Che serate abbiamo passato! Che musica! Che atmosfera! Il tempo è volato via rapidissimo.
Ci siamo scambiati indirizzo, telefono ed e-mail. Non vogliamo perderci di vista. Abbiamo promesso di incontrarci di nuovo.
Ho già pregato mio padre di non cambiare posto l'anno prossimo. Ancora Sardegna!
E tu? Fammi sapere. Un abbraccio affettuoso.

Tua Anna Maria

Leggi e prendi nota

Anna

Verbi con ESSERE		
essere		stato/a
andare		andato/a
partire		partito/a
uscire		uscito/a
arrivare	SONO	arrivato/a
rimanere		rimasto/a
venire		venuto/a
salire		salito/a
entrare		entrato/a
nascere		nato/a

Completa con *essere* o *avere* e con la desinenza

1. Anche quest'anno _____ stat____ in vacanza.
2. L'anno passato _____ andat____ in Sardegna.
3. Noi _____ partit____ in macchina.
4. A Civitavecchia _____ uscit____ dall'autostrada e _____ andat____ al porto.
5. A Civitavecchia _____ salit____ sulla nave.
6. La nave _____ arrivat____ dopo alcune ore.
7. _____ stat____ dieci giorni da sballo!
8. Mi _____ divertit____ moltissimo.
9. Il tempo _____ volat____ via prestissimo.
10. Noi ci _____ scambiat____ indirizzo e telefono.

gli aquiloni al vento

Completa con le parole mancanti

volato - di - atmosfera - prenotato - passato - un - simpaticissimi - stelle - amicizie - bagno - moltissimo - colori - sballo - vista - stati

La vacanza _____ Anna Maria.

Il papà ha _____ una camera in _____ albergo a tre.

Una camera con _____, telefono, Tv a _____, aria condizionata e _____ sul mare.

Sono _____ dieci giorni da _____.

Mi sono divertita _____ matti. Ho fatto tante _____. Ragazzi e ragazze _____.

Che serate abbiamo _____! Che musica! Che _____! Il tempo è _____ via rapidissimo.

Rispondi alle domande

- Con chi è stata in vacanza Anna Maria?

- Anna Maria è stata in vacanza con la famiglia

1. In quale regione italiana Anna Maria è stata in vacanza?

_____

2. Come sono partiti?

_____

3. Dove sono usciti dall'autostrada?

_____

4. Quando è arrivata la nave?

_____

5. Quanto si è divertita Anna Maria?

_____

6. Come è passato il tempo?

_____

7. Che cosa si sono scambiati i ragazzi?

_____

8. Perché si sono scambiati gli indirizzi?

_____

in gelateria

Trasforma

- Ogni giorno arrivo in ritardo
- *Anche ieri sono arrivato in ritardo*

1. Ogni giorno arrivo in ritardo.

_____

2. Ogni giorno torno a casa per il pranzo.

_____

3. Ogni giorno vado a scuola.

_____

4. Ogni giorno vengo in macchina, con papà.

_____

5. Ogni giorno rientro a casa tardi per il pranzo.

_____

6. Ogni giorno Antonio resta in ufficio molte ore.

_____

tra amici

Rispondi

- **Siete tornati a casa per il fine settimana?**
- *No, purtroppo non siamo ritornati a casa per il fine settimana*

1. **Siete tornati a casa per il fine settimana?**

_____

2. **Siete arrivati in orario al concerto?**

_____

3. **Siete entrati puntuali in classe?**

_____

4. **Siete partiti per le vacanze?**

_____

5. **Siete restati fino alla fine dello spettacolo?**

_____

6. **Siete passati in ufficio per prendere quelle lettere?**

_____

ragazzi al nuoto

Completa

- **Anche quest'anno sono stata in vacanza** *(io restare a casa)*
- *Io, invece, sono restata a casa.*

1. **Anche quest'anno sono stata in vacanza.** *(io restare a casa)*

_____

2. **A Civitavecchia siamo usciti dall'autostrada** *(noi entrare in austrada)*

_____

3. **Il mio amico ha deciso per il mare** *(io preferire la montagna)*

_____

4. **La nave è arrivata dopo alcune ore** *(noi arrivare in ritardo)*

_____

5. **Ho già pregato papà di non cambiare posto** *(papà decidere di cambiare posto)*

_____

il gioco del pallone

Giacomo e Mattia

Giacomo: Ciao, Mattia! Che cosa hai fatto stamattina?

Mattia: Salve, Giacomo! Sono stato a scuola.

Giacomo: Ti sei alzato alle sette e mezzo, come?

Mattia: Veramente mi sono alzato più tardi del solito: mi ha svegliato la mamma, perché ieri sera mi sono addormentato tardissimo.

Giacomo: Come mai sei andato a letto tardi?

Mattia: Con papà abbiamo visto una partita di calcio alla TV.

Giacomo: Allora sei arrivato in ritardo a scuola!

Mattia: No, per fortuna! Mi sono lavato, mi sono asciugato, mi sono pettinato e vestito in dieci minuti e poi via di corsa!

Giacomo: Quindi sei riuscito ad arrivare in tempo.

Mattia: Sì, sono entrato in classe proprio all'ultimo minuto. E tu che hai fatto?

Giacomo: Ieri, nel pomeriggio, ho giocato a calcio al campo. È stata una partita vera: undici giocatori per squadra, più un arbitro vero, con fischietto e cartellino giallo e rosso. Io, come sempre porto la maglia numero uno, sono il portiere.

Mattia: Come è andata a finire la partita?

Giacomo: È andata così così. Ho fatto pari, mannaggia, ma abbiamo pareggiato per colpa dell'arbitro. Questo veramente non è giusto. Anche la mamma, poi, mi ha sgridato perché sono tornato a casa tutto sudato e nervoso.

Leggi e prendi nota

alzarsi		alzato/a
svegliarsi		svegliato/a
divertirsi		divertito/a
lavarsi		lavato/a
pettinarsi		pettinato/a
asciugarsi	MI SONO	asciugato/a
vestirsi		vestito/a
addormentarsi		addormentato/a
riposarsi		riposato/a
fermato/a		fermarsi
pentito/a		pentirsi

sudato e nervoso

Rispondi

- Che cosa ha fatto Mattia la mattina?

- Mattia è andato a scuola

in vacanza al mare

1. A che ora si è alzato Giacomo?

2. A che ora si è alzato Mattia?

3. A che ora si è addormentato la sera prima Mattia?

4. Che cosa ha visto ieri sera Mattia alla TV?

5. In dieci minuti Mattia che cosa ha fatto?

6. Quando è arrivato in classe?

7. Che cosa ha fatto Giacomo ieri pomeriggio?

8. Dove ha giocato?

9. Come è finita la partita?

10. Come si chiama il giocatore numero uno?

in vacanza in campagna

11. Perché la mamma ha sgridato Giacomo?

12. E tu, cosa hai fatto la domenica scorsa?

13. E ieri mattina, che cosa hai fatto?

14. Il fine settimana, che cosa hai fatto?

15. Questa mattina, a che ora ti sei alzato?

16. Ieri sera, a che ora ti sei addormentato?

17. Di solito a che ora ti svegli?

Fai le domande

in vacanza in Val di Fassa

- **Con che cosa sono partiti?**
- *Sono partiti con il camper*

1. _____
- La nave è arrivata dopo alcune ore.

2. _____
- Giacomo si è alzato in ritardo.

3. _____ ?
- Mattia è stato a scuola.

4. _____ ?
- È andato a letto tardi perché ha guardato la TV.

5. _____ ?
- È entrato in classe all'ultimo minuto.

6. _____ ?
- Si è lavato e vestito in dieci minuti.

7. _____ ?
- Porta la maglia numero 1.

8. _____ ?
- È andata così così.

9. _____ ?
- Ho fatto tardi.

10. _____ ?
- Sono tornato a casa sudato e nervoso.

Metti i verbi al passato prossimo

1. Carla, l'estate passata _____ (andare) in vacanza in Sardegna. _____ (partire) con la sua macchina. _____ (fermarsi) qualche ora al porto di Civitavecchia. _____ (riposarsi) un po' e poi _____ (salire) sulla nave e _____ (partire) per l'isola.

2. Mauro e Sergio, dove _____ (andare) in vacanza, l'estate scorsa?
- Noi _____ (stare) in Sicilia. _____ _____ (divertirsi) davvero molto. _____ _____ (rimanere) due settimane. Quando _____ _____ (ritornare) noi avevamo voglia di partire di nuovo.

3. Francesca e Chiara l'inverno scorso _____ _____ (stare) in montagna. _____ _____ (sciare) della mattina alla sera con amici che _____ _____ (crescere) in albergo.

Cambia la situazione al passato prossimo

- Anche quest'anno Anna Maria va in vacanza.
- *Anche quest'anno Anna Maria è andata in vacanza.*

sulla spiaggia

1. Il papà non prenota una camera, compra un camper.

   _____

2. Il papà non decide ancora una volta per il mare.

   _____

3. Partono con il camper.

   _____

4. Prendono l'autostrada al casello di Firenze.

   _____

5. La nave arriva dopo alcune ore.

   _____

6. Trovano un campeggio perfettamente attrezzato.

   _____

7. Anna Maria si diverte da matti.

   _____

8. Che serate passa!

   _____

9. Gli amici si scambiano gli indirizzi e i telefoni per non perdersi di vista.

   _____

il camper

I gradi dell'aggettivo

Anna Maria, durante le vacanze, è andata in barca con papà e ha pescato.

La mamma le ha insegnato a nuotare con le pinne e con la maschera.

Ora è davvero molto brava.

La più brava di tutti.

Dopo queste vacanze preferisce più il mare che la montagna e, come sempre più le vacanze che la scuola.

E il papà promette che se sarà più studiosa del solito, meno distratta del solito, e così brava come Sara, anche la prossima estate sarà bellissima.

Per parlare subito

Completa secondo il modello

- Anna Maria e Sara sono brave
- *No, Sara è più brava di Anna Maria*

1. Anna Maria e Sara sono brave

2. _____ simpatiche Sara?

3. _____ gentili

4. _____ giovani

5. _____ carine ?

- Anna Maria è meno brava di Sara?
- *No, Anna Maria è quanto lei*

1. Anna Maria è meno brava di Sara?

2. _____ simpatica di

3. Anna Maria è meno elegante di Sara?

4. _____ pigra _____ ?

5. _____ sincera _____

Completa secondo il modello

- Anna Maria è una ragazza molto gentile
- *Vero è gentilissima*

1. Anna Maria è una ragazza molto gentile

2. Anna Maria è una ragazza davvero carina

3. _____ è una ragazza assai alta

4. _____ è una ragazza proprio simpatica

5. _____ è una ragazza veramente dolce

- Anna Maria è carina e simpatica
- *Secondo me è più bella che simpatica*

1. Anna Maria è carina e simpatica

2. _____ è bella ed elegante

3. _____ è gentile e buona

4. _____ è brava e studiosa

5. _____ è sincera e aperta

Completa secondo il modello

- Sara è sincera
- *È vero è la più sincera della classe*

1. Sara è sincera

2. _____ è tranquilla

3. _____ è carina

4. _____ è dolce

5. _____ è sportiva

- Sei tornato tardi?
- *Sì, tardissimo*

1. Sei tornato tardi?
2. Sei stata male?
3. Avete viaggiato bene?
4. Si è alzata presto?
5. Le scrivi spesso?
6. Ti sei divertita molto?
7. Hai studiato poco?
8. Ha lavorato tanto?

Completa

Laura _____ *(alzarsi)* sempre alle otto.

Io, ogni giorno _____ *(fermarsi)* a giocare con i miei amici.

Lui, la sera _____ *(addormentarsi)* tardi.

Voi, spesso, _____ *(divertirsi)* insieme.

Noi qui non _____ *(trovarsi)* bene.

Al cinema tu _____ *(annoiarsi)* quasi sempre.

Laura e Serena _____ *(vestirsi)* alla Rinascente.

Lui non _____ *(tagliarsi)* i capelli. Gli piacciono lunghi.

Completa

Ieri sera io _____ *(addormentarsi)* molto tardi.

Non _____ *(fermarsi)*, perché era tardi.

Un film serioso; lei non _____ *(divertirsi)* per niente.

In questa città, noi _____ *(trovarsi)* bene l'anno passato.

Stamattina tu _____ *(alzarsi)* tardi.

Lei, alla festa _____ *(vestirsi)* all'ultima moda.

Sara suona il piano

IN ITALIANO SI DICE

Uso della maiuscola	fonetica

1. **La lettera maiuscola viene usata:**

- quando si dà inizio a qualsiasi scrittura

- dopo il punto fermo

- dopo il punto interrogativo ed esclamativo

- dopo i due punti, quando si presentano le parole precise di una persona, cioé nel discorso diretto

- nei nomi propri di persona: Maria, Angelo, Lucia

- nei nomi dei popoli: gli Italiani, i Giapponesi, gli Africani

- nei titoli dei libri: I Promessi Sposi, Il Decamerone, Senilità,

- nei titoli dei giornali: La Nazione, Il Corriere della Sera, Repubblica

- nelle opere d'arte: il Giudizio Universale, il Mosé, Monna Lisa

- nelle società e ditte: la Fiat, la Perugina, la Società Fondiaria

2. **La lettera minuscola viene usata:**

- nei nomi dei mesi, dei giorni, se non stanno all'inizio della frase: gennaio, maggio, dicembre, lunedì, sabato

- nelle qualifiche delle persone: signor, dottor, ingegnere, onorevole, signor Martini, don Giovanni, avvocato Pieri

IN ITALIANO SI DICE

ESSERE

essere		stato/a		rimanere		rimasti/e
andare	sono	andato/a		venire	siamo	venuti/e
partire	sei	partito/a		salire	siete	saliti/e
uscire	è	uscito/a		entrare	sono	entrati/e
arrivare		arrivato/a		nascere		nati/e

ESSERE

alzarsi		alzato/a			alzati/e
svegliarsi		svegliato/a			svegliati/e
divertirsi	mi sono	divertito/a		ci siamo	divertiti/e
lavarsi	ti sei	lavato/a		vi siete	lavati/e
pettinarsi	si è	pettinato/a		si sono	pettinati/e
fermarsi		fermato/a			fermati/e
vestirsi		vestito/a			vestiti/e

I GRADI DELL'AGGETTIVO

Sara è	più	gentile sincera	di Anna Maria
	meno	carina simpatica	

Sara è	tanto	studiosa sportiva	quanto	Anna Maria
	così	elegante dolce	come	

IN ITALIANO SI DICE

Sara è	più	brava	che	studiosa
		alta		bassa
	meno	elegante		carina

Questa è la ragazza	più	simpatica **della** classe

Questo è il giorno	meno	bello **della** mia vita

Questo è un uomo ricco, anzi **ricchissimo**

Questa è una canzone bella, _____ **bellissima**

Questo è un viaggio lungo, _____ **lunghissimo**

Queste sono ragazze gentili, _____ **gentilissime**

Questi amici sono arrivati tardi, _____ **tardissimo**

È un uomo	**davvero** **assai**	ricco
È uno studente	**proprio** **veramente**	bravo

È il vino più buono, **il migliore**

È il figlio più grande, **il maggiore**

È il figlio più piccolo, **il minore**

È il vino più cattivo, **il peggiore**

Osserva e memorizza

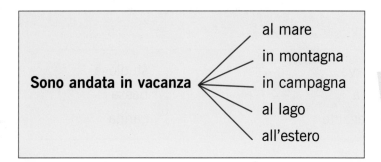

Sono andata in vacanza
- al mare
- in montagna
- in campagna
- al lago
- all'estero

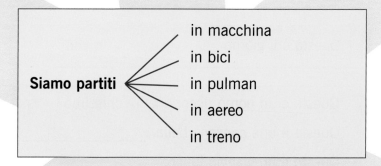

Siamo partiti
- in macchina
- in bici
- in pulman
- in aereo
- in treno

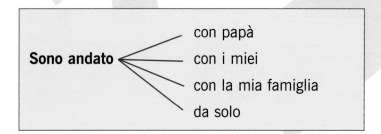

Sono andato
- con papà
- con i miei
- con la mia famiglia
- da solo

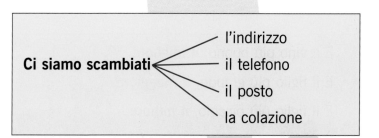

Ci siamo scambiati
- l'indirizzo
- il telefono
- il posto
- la colazione

Ci siamo diretti verso
- Nord
- Sud
- Est
- Ovest

MODULO F
unità 17

IL CALCIO
Che cosa hai fatto?
Hai giocato?

Una partita di calcio

Mamma: **Sei tutto sudato. Che cosa hai fatto?**

Giacomo: *Ho giocato a calcio con la mia squadra. Io sono importante.*
Sono il numero 1: il portiere!

Mamma: **Come al solito. Hai vinto o hai perso?**

Giacomo: *Abbiamo fatto pari. Ma, mannaggia, per colpa dell'arbitro.*

Mamma: **Già, è sempre colpa dell'arbitro.**

Giacomo: *Certo, mamma. Senti, ha fischiato un rigore inesistente contro di noi.*
Io ho cercato di parare il tiro, ma ho solo toccato il pallone e non l'ho bloccato.

Mamma: **Perché non avete segnato di nuovo?**

Giacomo: *Il nostro attaccante ha segnato ancora, ma l'arbitro ha annullato il goal. Non*
ha voluto sentire ragioni. Ha fermato l'azione per un fuorigioco. Anche questo
inesistente.

Mamma: **Certo, inesistente. Inesistente per voi.**
L'arbitro!... sempre colpa dell'arbitro quando non si vince!

Indica la forma giusta

1. Ha giocato
- ☐ *al calcio*
- ☐ *al ping pong*
- ☐ *a tennis*

2. Giacomo è il numero
- ☐ *4, difensore*
- ☐ *11, attaccante*
- ☐ *1, portiere*

3. L'arbitro ha fischiato un
- ☐ *rigore*
- ☐ *fallo laterale*
- ☐ *fuorigioco*

4. Giacomo ha cercato di parare
- ☐ *il rigore*
- ☐ *il calcio d'angolo*
- ☐ *la punizione*

5. L'arbitro ha fermato l'azione per un fallo di
- ☐ *mani*
- ☐ *fuorigioco*
- ☐ *piede*

6. La partita è finita
- ☐ *2 a 1*
- ☐ *pari*
- ☐ *2 a 3*

Vero o falso

	Vero	Falso
1. Giacomo è tutto sudato	☐	☐
2. Giacomo ha giocato a calcio con un amico	☐	☐
3. Giacomo ha perduto la partita	☐	☐
4. L'arbitro ha fischiato un rigore inesistente	☐	☐
5. Giacomo ha solo toccato il pallone	☐	☐
6. Giacomo ha bloccato il pallone	☐	☐
7. Il nostro attaccante ha segnato ancora	☐	☐
8. L'arbitro ha fermato l'azione per un fallo di mani	☐	☐

Rispondi

1. Giacomo è tutto sudato. Perché? Che cosa ha fatto?

2. Qual è il numero di maglia di Giacomo?

3. Il numero uno, come si chiama nel gioco del calcio?

4. La squadra di Giacomo ha vinto o ha perso?

5. Di chi è la colpa del pari?

6. Che cosa ha fischiato l'arbitro?

7. Perché l'arbitro ha fermato l'azione?

8. Come era il fuorigioco, secondo Giacomo?

il portiere

Cambia la situazione al passato prossimo

- Giacomo va in vacanza in Sardegna.
- *Giacomo è andato in vacanza in Sardegna.*

1. Giacomo gioca al calcio con la sua squadra.

2. Come al solito, qualche volta vince, qualche volta perde, qualche volta fa pari.

3. L'arbitro fischia un rigore inesistente.

4. Giacomo cerca di parare il tiro.

5. Giacomo tocca il pallone, ma non lo blocca.

6. L'attaccante della squadra di Giacomo segna ancora.

7. E ancora una volta l'arbitro annulla il goal.

8. L'arbitro ferma l'azione per un fuori gioco.

Cambia la situazione al passato prossimo

- **Chi hai invitato alla tua festa?** *(tutti i miei amici)*
- *Ho inviatato tutti i miei amici.*

1. **Chi hai invitato alla tua festa?** *(tutti i miei amici)*

   _____

2. **Che cosa hai ascoltato?** *(un bel disco)*

   _____

3. **Che cosa hai mangiato?** *(una pizza)*

   _____

4. **A chi hai telefonato?** *(a Giacomo)*

   _____

5. **Che cosa hai visitato a Firenze?** *(la Galleria degli Uffizi)*

   _____

6. **Che cosa hai comprato?** *(un vestito nuovo)*

   _____

Rispondi

- **Che cosa avete deciso per le vacanze?** *(di andare al mare)*
- *Abbiamo deciso di andare al amre*

1. **Che cosa avete deciso per le vacanze?** *(di andare al mare)*

   _____

2. **Che cosa avete fatto ieri sera?** *(un bel disco)*

   _____

3. **Che cosa avete visto alla televisione?** *(un bel film)*

   _____

4. **Chi avete conosciuto alla festa?** *(molte ragazze simpatiche)*

   _____

sci nautico

5. **Quanto avete speso per il biglietto aereo?** *(200 euro)*

   _____

6. **Che cosa avete bevuto al bar?** *(una coca cola)*

   _____

Dall'agenda di Chiara

Chiara ha registrato nel suo diario i momenti più importanti della settimana scorsa

Lunedì
Ore 16, andare a scuola di chitarra.
Ore 19, uscire con Ermanno.

Martedì
Dopo cena, nuotare in piscina.

Mercoledì
Ore 18, partecipare al compleanno di Sara. Regalare un libro.

Giovedì
Ore 17, appuntamento con Ermanno. Andare al cinema. Passeggiare al centro. Mangiare un gelato.

Venerdì
Restare a casa. Ripetere le lezioni. Preparare gli esami. Aiutare la mamma.

Sabato e domenica
Riposo.

Che cosa ha fatto Chiara la settimana scorsa?

Lunedì   • *Alle ore 16 è andata a scuola di chitarra* _____

          • *Alle ore 19...* _____

Martedì _____

_____

Mercoledì _____

_____

Giovedì _____

_____

Venerdì _____

_____

Sabato e Domenica _____

Completa

1. Giacomo ORA aiuta la mamma in cucina. PRIMA _____ *(aiutare)* il papà
   a lavare la macchina.

2. Giacomo ORA è in casa. NEL POMERIGGIO _____ *(andare)* a giocare a
   calcio.

3. Giacomo ADESSO guarda la TV. – PRIMA _____ *(guardare)* le foto.

4. Giacomo IN QUESTO MOMENTO gioca con il computer. – PRIMA
   _____ *(giocare)* a calcio

5. Giacomo ORA scrive una lettera. – STAMATTINA _____ *(scrivere)* gli esercizi.

6. Giacomo ADESSO legge una rivista. – PRIMA _____ *(leggere)* un libro.

Completa con il passato prossimo

Marta: (Io) ti _____ *(telefonare)* ieri, avanti ieri, sabato scorso e non ti
_____ *(trovare)* mai.

Paola: Certo che non mi _____ *(trovare)*, noi _____ *(andare)*
in Sardegna con il camper.

Marta: E la roulotte che fine _____ *(fare)*?

Paola: Papà l'ha venduta. Lui _____ *(comprare)* un camper dice che è più
comodo e sicuro. (Noi) _____ *(sistemare)* il camper in un campeggio e
_____ *(passare)* una settimana di sogno.

Marta: Racconta, dai !

Paola: _____ *(venire)* tre giorni anche i miei cugini. Ma per loro
_____ *(noi, cercare)* un albergo vicino al campeggio.

Loro _____ *(portare)* anche il cane, non _____ *(essere)*
possibile dormire tutti nel camper.

Marta: E allora, come _____ *(voi, fare)*?

Paola: Semplice. Il giorno insieme. La notte separati.

Marta: _____ *(voi, cucinare)* da soli?

Paola: Veramente _____ *(essere)* piacevole. Noi _____
(cucinare), _____ *(lavare)* i piatti, _____ *(fare)* ordine.

Marta: E la sera?

Paola: _____ *(noi, ballare)* in discoteca, _____
(passeggiare), per le strade piene di villeggianti, _____ *(fare)* le ore piccole.
È veramente una bella esperienza una vacanza in camper!

LA PARTITA DI CALCIO

sci nautico

La partita è cominciata _____ sedici in punto.

L'arbitro ha guardato attentamente l'orologio, ha fatto un segno _____ la mano _____ guardalinee e ha fischiato l'inizio _____ gioco. La squadra azzurra è andata subito _____ goal _____ un colpo di testa _____ numero 7, l'ala destra.

Uno _____ zero. I gialli subito hanno risposto _____ forza.

Hanno corso, hanno gridato, hanno provato, ma il primo tempo è finito _____ vantaggio azzurro. Dopo l'intervallo è cominciato il secondo tempo. Il treiner giallo ha cambiato un giocatore infortunato. Il nuovo entrato ha fatto cambiare il risultato.

È entrato _____ 'area _____ porta con il pallone _____ piede, ma il terzino azzurro lo ha messo _____ terra.

L'arbitro ha deciso subito _____ il calcio di rigore _____ nove metri.

Ha tirato lo stesso giocatore. Un colpo secco, fortissimo. Goal! Uno _____ uno. Pareggio.

Il risultato non è cambiato fino _____ fischio finale.

I giocatori _____ due squadre si sono salutati e sono rientrati _____ la doccia stanchi e sudati.

Leggi e ripeti

A guardare le nuvole

A partita finita,
finalmente fiaccati dal gioco,
sdraiati sui prati d'aprile,
stanchi adolescenti cullano il pallone.

Immobile, dietro la rete, ai bordi del campo,
lo sguardo segue la moviola delle nuvole.
Indugia a guardare il dissolversi di veloci fantasmi
che il vento spinge in calcio d'angolo.

Un aereo di linea batte il rigore verso est.
Dribbla e segna il goal tra due alberi d'abete.
Si dispiega la fantasia. Rimedia alla sconfitta.
Allevia il dolore e la fatica.

La luce della sera tinge di rosso la gonna
della principessa che sale in alto dietro la collina.
E nel salire si sfila, si sfrangia,
si trasforma in uccello, in drago, e si alza,
si abbassa, danza sospinta dal vento.

Cavalli e cavalieri, mostri e battaglie
delle tante storie sentite raccontare
prendono ed animano mondi sconosciuti.
Il coraggio sospinge verso l'avventura.

E mentre scorre il film della natura,
uomini ancora piccoli,
bambini ormai grandi,
chiudono gli occhi a immaginar la vita.

(GRANO, 2000)

Grano 2000

Sono i ragazzi rappresentati sdraiati sul posto, stanchi, dopo la partita, guardando il cielo e le nuvole che prendono, nella loro fantasia, le forme più strane.
Tornano le parole del gioco del calcio:
- **DIETRO LA RETE** , della porta
- **AI BORDI DEL CAMPO**, fuori dalle strisce bianche che segnano lo stesso campo
- **LA MOVIOLA**, rivedere al rallentatore i momenti più importanti del gioco
- **BATTE, SEGNA** il calcio di rigore detto anche penalty
- **DRIBBLA**, giocare con il pallone
- **SEGNA IL GOAL**, ottiene il punto, mette il pallone nella rete della porta
- **RIMEDIA ALLA SCONFITTA** fa dimenticare la partita perduta
- **LA VINCITA**, la partita vinta
- **LA GONNA DELLA PRINCIPESSA**, lo sguardo dei ragazzi si perde e immagina con la fantasia una principessa che si trasforma in uccello, poi in drago

Rispondi

1. **Dove sono sdraiati i ragazzi?**

2. **Che cosa guardano i ragazzi?**

3. **Che cosa fa in cielo l'aereo di linea?**

4. **Che cosa fa la luce della sera?**

5. **Come si trasforma la gonna della principessa?**

6. **Quanti sono i giocatori di una squadra di calcio?**

7. **Che numero di maglia ha il portiere?**

8. **Che cosa usa l'arbitro per dirigere la partita?**

9. **Quale squadra vince la partita?**

10. **Di che materiale è il pallone?**

IN ITALIANO SI DICE

Elisione e apostrofo	fonetica

Non si dice in italiano, una idea, lo albergo, la aula, la erba, lo amico ma per rendere più armoniosa la parola un'idea, l'albergo, l'aula, l'erba, l'amico

SI METTE, CIOÈ, L'APOSTROFO.

Ecco i casi in cui è necessario mettere l'apostrofo:.

a) L'articolo **LA** e le sue preposizioni: alla, dello, dalla, sulla, nella
l'ora, all'alba, dall'amica, nell'aula

b) L'articolo **LO** e le sue preposizioni: allo, dello, dallo, sullo, nello
l'orologio, all'uomo, dell'albergo, sull'albero

c) L'articolo **UNA**
un'aula, un'amica, un'alba, un'insalata

d) La preposizione **DI**
d'oro, d'argento, d'ebano, d'azzurro

e) La preposizione **DA**
d'ora in poi, d'altra parte, d'allora

f) Le particelle **CI** e **NE**
c'insegna, c'entra, ce n'è

g) Gli aggettivi **santo, bello, questo, quello, tutto, buona**
Sant'Angelo, bell'uomo, quest'autore, quell'orologio, tutt'uno, buon'anima

h) Le particelle pronominali **MI, TI, SI, VI**
m'impegno, t'accorgerai, s'inquieta, v'invita

IN ITALIANO SI DICE

PASSATO PROSSIMO CON *AVERE*

io ho	**ho**	**finito** il lavoro
tu	**hai**	**fatto** tutto
lui/lei/Lei ha	**ha**	**scritto** una lettera
noi	**abbiamo**	**mangiato** una pizza
voi	**avete**	**visitato** Venezia
loro	**hanno**	**preso** un caffé

ARE	→	**ATO**	cantare →	cantato
ERE	→	**UTO**	ricevere →	ricevuto
IRE	→	**ITO**	partire →	partito

FORME IRREGOLARI

aprire	→	aperto	rispondere	→	risposto
chiudere	→	chiuso	porre	→	posto
prendere	→	preso	scendere	→	sceso
chiedere	→	chiesto	cogliere	→	offerto
scrivere	→	scritto	offrire	→	offerto
leggere	→	letto	morire	→	morto
mettere	→	messo	soffrire	→	sofferto
rimanere	→	rimasto	dire	→	detto
bere	→	bevuto	fare	→	fatto
vedere	→	visto	venire	→	venuto

IN ITALIANO SI DICE

grammatica

ALCUNI VERBI IRREGOLARI

vedere - ho visto/veduto

leggere - ho letto

aprire - ho aperto

fare - ho fatto

decidere - ho deciso

scrivere - ho scritto

scendere - sono sceso/a

venire - sono venuto/a

chiudere - ho chiuso

prendere - ho preso

spendere - ho speso

rispondere - ho risposto

chiedere - ho chiesto

mettere - ho messo

dire - ho detto

bere - ho bevuto

COMINCIARE E *FINIRE* - *ESSERE* O *AVERE*

Ho cominciato il corso di chitarra

Abbiamo cominciato un lavoro nuovo

Hanno cominciato a studiare all'università

Il corso di chitarra **è cominciato**

È già **cominciato** lo spettacolo?

Gli esami **sono** già **cominciati**

Ha finito di mangiare

Abbiamo finito il compito

Non ho ancora finito di leggere il tuo libro

Il viaggio **è finito** troppo presto

I miei soldi **sono** già **finiti**

Il film **è finito** dopo mezzanotte

prenotare	➜	prenotato
volere	➜	voluto
dormire	➜	dormito

Ho prenotato < un albergo / una camera con vista / un palco a teatro

IN ITALIANO SI DICE

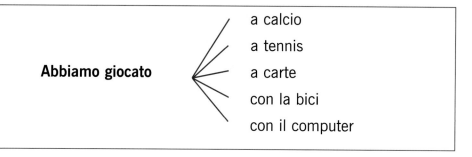

Abbiamo giocato
- a calcio
- a tennis
- a carte
- con la bici
- con il computer

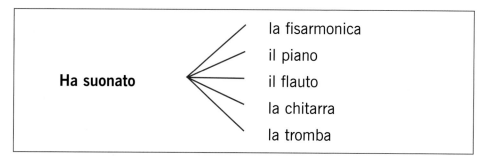

Ha suonato
- la fisarmonica
- il piano
- il flauto
- la chitarra
- la tromba

Verbi con AVERE

AVERE	ho	avuto
PASSARE	ho	passato
INSEGNARE	ho	insegnato
GIOCARE	ho	giocato
PERDERE	ho	perso/perduto
VINCERE	ho	vinto
CERCARE	ho	cercato
FARE	ho	fatto
VOLERE	ho	voluto
FERMARE	ho	fermato

MODULO F
unità 18

LE INFORMAZIONI
Scusi, per Piazza Garibaldi?

Serena: Scusi, per Piazza Garibaldi?

Signora: *Vada avanti fino al prossimo semaforo, poi svolti a destra. Troverà una piazza con i giardini. Giri intorno, prenda la prima traversa a sinistra, segua il viale alberato. La piazza con il monumento al centro è proprio Piazza Garibaldi.*

Fausto: Aiuta la mamma e guardate la mappa e ditemi dove devo andare.

Serena: *Questa mappa è illeggibile. Fermati che chiedo di nuovo indicazioni a quel signore con il cane...*

Michele: Telefoniamo a Franco e chiediamo a lui come raggiungerlo. *(Digita il numero del cellulare di Franco...)*. Pronto, Franco, siamo in difficoltà. Adesso abbiamo trovato la piazza, finalmente, ma dove parcheggiamo?

Fausto: *Accostate la macchina sulla destra e aspettatemi. Vi vedo dalla mia terrazza e scendo subito.*

Scelta multipla

1. Serena
- ☐ socchiude il finestrino
- ☐ apre il finestrino
- ☐ chiude il finestrino
- ☐ accosta il finestrino

2. Serena si rivolge
- ☐ ad un vigile urbano
- ☐ ad una ragazza
- ☐ ad un signore
- ☐ ad una signora

3. Serena troverà una piazza
- ☐ con i giardini
- ☐ con il palazzo del Comune
- ☐ con la statua di Garibaldi
- ☐ con il parcheggio

4. Michele dice
- ☐ "Papà accendi la radio"
- ☐ "Papà spegni la radio"
- ☐ "Papà alza la radio"
- ☐ "Papà abbassa la radio"

5. Michele
- ☐ telefona a Franco
- ☐ chiede indicazioni
- ☐ guarda la mappa
- ☐ accende il navigatore satellitare

il monumento a Garibaldi

Rispondi

1. Serena che cosa apre?

_____

2. Serena a chi si rivolge?

_____

3. Serena quale piazza cerca?

_____

4. Dopo il semaforo che cosa troverà?

_____

5. Che cosa deve seguire?

_____

6. Che cosa c'è al centro di Piazza Garibaldi?

_____

7. Come è "la prima a sinistra"?

_____

8. Che cosa deve prendere Serena per controllare?

_____

9. Che cosa deve accendere il papà?

_____

10. Chi deve stare zitto?

_____

11. Chi deve aiutare la mamma?

_____

12. Come è la mappa?

_____

13. A chi telefonano?

_____

14. A chi vogliono chiedere di nuovo informazioni?

_____

15. Dove devono accostare la macchina?

_____

il navigatore

PER ANDARE ALLO STADIO

- Scusa ragazzo, qual è la _____ più breve per andare allo stadio?
- Vuoi andare a vedere la _____ di calcio?
- Sì, come _____ raggiungerlo più rapidamente?
- È facile. _____ l'autobus n. 14.
- Non posso _____ in macchina?
- No, è meglio di no. C'è un _____ terribile. Non andare in macchina!
- Quale autobus?
- Il n. 14. Prendi il 14. _____ alla fermata. Passa ogni 15 _____ .
- Ma sono senza biglietto.
  Nessun _____ . Sali e chiedilo all'autista.
- Così facile?
  Certo. Passa il biglietto nella macchinetta per la vidimazione. E vai _____ .
- Quando _____ scendere?
- Scendi con le altre _____ . Lo stadio è ben visibile. E goditi la tua _____ .

L'ACQUA È UN BENE PREZIOSO FACCIAMONE UN BUON USO

La ridotta disponibilità dell'acqua, conseguente alla siccità propria del periodo estivo, può portare a una situazione di emergenza idrica.

Ognuno di noi può dare un piccolo contributo a razionalizzare il consumo di acqua per evitare inutili sprechi.

Ecco alcuni consigli pratici!

3 Chiudi il rubinetto quando ti lavi i denti o ti fai la barba

1 Ripara il rubinetto che gocciola e lo sciacquone del water che perde

2 Usa frangigetto sui rubinetti

6 Fai funzionare le verdure la lavatrice e la lavastoviglie a pieno carico

4 Fai la doccia anziché il bagno

5 Lava le verdure lasciandole a mollo anziché in acqua corrente

7 Lava l'automobile utilizzando il secchio e non l'acqua corrente

8 Sciacqua il bucato a mano usando dolo l'acqua necessaria senza lasciarla scorrere inutilmente

9 Utilizza acqua usata (per esempio per lavare le verdure) per annaffiare orto, fiori o piante

Leggi la pubblicità sull'acqua. Metti al plurale i consigli come nell'esempio

1. Ripara il rubinetto

1. Riparate il rubinetto

2. Usa il frangigetto

_____

3. Chiudi il rubinetto   _____

4. Fai la doccia   _____

5. Lava la verdura   _____

6. Fai funzionare la lavatrice   _____

7. Lava l'automobile   _____

8. Sciaqua il bucato   _____

9. Utilizza acqua usata   _____

SOGEPU SpA

SERVIZI:
Igiene ambientale
Servizio idrico integrato
Servizi supporto manifestazioni culturali
A Villa Montesca Centro Congressi e Formazione
e i suoi 4 ettari di Parco

*Vivi la città
ed aiutaci a tenerla pulita*

Ufficio Relazioni con il pubblico
dal lunedì al venerdì: 8.30-13.00 e 15.30-18.30
Logge di Palazzo Bufalini - Piazza Matteotti - Città di Castello
Tel. 075 852391

PER INFORMAZIONI CHIAMA SUBITO IL NOSTRO

Numero Verde
800-132152

Per informazioni

chiama	subito il numero verde
telefona	al numero verde
contatta	il numero verde
chiedi	al numero verde
controlla	il nostro sito Internet
apri	la nostra e-mail

In città

raccolta dei rifiuti urbani

Non gettare **cartacce per terra**

Non sporcare **la tua città**

Non cogliere **i fiori nelle aiuole**

Non calpestare **le aiuole**

Non gettare **oggetti per strada**

Non disturbare **gli altri**

scarpe sportive

Si dice...

Lascia **perdere! Non importa!**

Lascia **perdere! Non pensarci!**

Lascia **respirare i tuoi piedi**

Lascia **andare, smettila!**

Lascia **che parlino, sono pettegoli!**

Lascia **la presa!**

Lasciati **desiderare**

Lasciati **andare e riposati!**

Non lasciarti **sfuggire questa**

occasione!

Non lasciarti **convincere**

Non lasciate **la via vecchia**

per la nuova!

Non lasciate **soli i bambini!**

INTESA VACANZE: e la banca finanzia le tue vacanze

Vai presso la filiale di banca Intesa.
Programma le tue vacanze.
Chiedi un prestito.
Paga le tue vacanze a rate sulle spiaggie del Mare Adriatico.
Scegli l'albergo.
Scegli il campeggio, il villaggio, se preferisci.
Definisci il costo delle vacanze.
Chiedi il finanziamento da 500 e a 5000 €.
Vieni alla nostra banca o visita il nostro sito Internet e avrai tutte le informazioni che desideri.

Ora prova a...

a) Scrivere la forma infinito dei dieci verbi all'imperativo. Es.: Vai → andare

b) Mettere al plurale i 10 imperativi. Es.: Vai → andate, ecc.

c) Mettere alla forma negativa i 10 imperativi. Es:. Vai → non andare

Scopri la Sicilia

Che cosa vedi nella figura?

il vulcano Etna

i dolci siciliani

Acropoli della città

scopri la **sicilia** in auto

Una vacanza veramente speciale adatta alla famiglia e agli amici che desiderano scoprire insieme questa meravigliosa regione col vantaggio strepitoso di un'unica quota a camera fino ad un massimo di 4 persone.

I settimana auto + hotel 3/4 stelle

costruisci l'itinerario desiderato

fino a 4 persone nella stessa camera

Scelta multipla

1. **A quale civiltà appartengono i resti del tempio?**

   ☐ *romana*
   ☐ *etrusca*
   ☐ *greca*

2. **Come si chiama il vulcano che vedi nella figura piccola a sinistra?**

   ☐ *Etna*
   ☐ *Vulcano*
   ☐ *Vesuvio*

3. **I dolcissimi cannoli siciliani sono fatti**

   ☐ *con la ricotta*
   ☐ *con il formaggio*
   ☐ *con il prosciutto*

4. **La pubblicità consiglia di scoprire la Sicilia**

   ☐ *in treno*
   ☐ *in auto*
   ☐ *in autobus*

Segui i tuoi sensi

con il naso	→	odora i profumi
con gli occhi	→	guarda davanti a te
con il tatto	→	senti gli oggetti
con gli orecchi	→	ascolta la musica
con il palato	→	gusta la cioccolata

Metti in ordine di intensità i sinonimi

a) 1. odora,   2. annusa,   3. fiuta,   4. profuma   →   2.   3.   1.   4.

b) 1. osserva, 2. vedi,   3. esamina,   4. guarda,   →

c) 1. senti,   2. avverti,   3. indovina,   4. riconosci,   →

d) 1. ascolta,   2. ascolta,   3. senti,   4. intendi,   →

e) 1. gusta,   2. assaggia,   3. assapora, 4. prova   →

b) 4, 2, 1, 3   c) 2, 1, 3, 4   d) 2, 3, 1, 4   e) 4, 2, 1, 3

Guarda la figura e scrivi il nome dei prodotti dividendoli per colore

ROSSO
Fragole

VERDE
Zucchine

GIALLO/ARANCIO

_____

BLU/VIOLA

_____

Nutritevi dei colori della vita.

Riordina le frasi

1. Lascia
2. Metti
3. Nutritevi
4. Segui

a. il turbo alla collection
b. dei colori della vita
c. i tuoi sensi
d. respirare i tuoi piedi

5. Prendete
6. Scegli
7. Vivi
8. Aiutaci

e. la città
f. la tua estate
g. a tenerla pulita
h. la Sicilia in auto

La storia

La famiglia di Fausto non trova la strada **che** porta a casa di Franco, **il quale** abita in Piazza Verdi.

Camminando in macchina lungo la strada chiedono informazioni ad una signora **che** cammina sul marciapiedi e **che** li indirizza verso la piazza che cercavano.

È piazza Verdi, quello **che** ha al centro un monumento con una statua che rappresenta proprio il musicista Giuseppe Verdi.

Fausto però sbaglia strada a causa di un senso unico **di cui** la signora non aveva parlato.

Trova lo svincolo **che** la signora ha indicato ma non può prenderlo. È una strada a senso unico.

Dopo aver discusso con i suoi il figlio Michele, chiama Franco al cellulare **al quale** chiede dove poter parcheggiare la macchina. Franco **che** guardava l'auto degli amici dalla finestra corre subito in aiuto e indica come e dove parcheggiare.

Osserva

La strada **che** porta a casa di Franco → La strada **la quale** porta alla casa di Franco
La casa di Franco **che** abita in Piazza Verdi → La casa di Franco **il quale** abita in P.zza Verdi
Le signore **che** camminano sul marciapiede → Le signore **le quali** camminano sul marciapiede

Gli amici **che** abitano in città → Gli amici **i quali** abitano in città

Osserva

Ti ho regalato **il CD**.

Ti è piaciuto **un CD**?

Ti è piaciuto il CD che ti ho regalato?

Ti ho regalato **i dischi**?

Ti sono piaciuti **i dischi**?

Ti sono piaciuti i dischi che ti ho regalato?

Ti ho regalato **una maglietta**.

Ti è piaciuta **la maglietta**?

Ti è piaciuta la maglietta che ti ho regalato?

Ti ho mandato **delle rose**.

Ti sono piaciute **le rose**?

Ti sono piaciute le rose che ti ho mandato?

la pubblicità usa l'imperativo per:
CONSIGLIARE
SUGGERIRE
INVITARE

Osserva

La cantante **della quale/di cui** ti ho parlato, è bravissima
Il cantante **del quale/di cui** ti ho parlato, è bravissimo
Le cantanti **delle quali/di cui** ti ho parlato, sono bravissime
I cantanti **dei quali/di cui** ti ho parlato, sono bravissimi

Metti la preposizione giusta

1. Marco, _____ cui ho regalato un libro, mi ha a lungo ringraziato.
2. Quel film _____ cui abbiamo parlato è in proiezione all'Odeon.
3. Il paese _____ cui provengo è un piccolo paese siciliano.
4. Quel medico _____ cui avevo riposto fiducia, non è stato in gradi di fare una diagnosi precisa.
5. La faccenda _____ cui ti ho chiamata è una cosa seria.
6. Ci sono molte questioni in sospeso _____ cui alcune da chiarire bene.
7. Le persone _____ cui siamo partite, non sono ancora arrivate a destinazione.
8. La promozione _____ cui aspiravo, non è ancora arrivata.
9. Quella città _____ cui siamo passati, era piccola ma carina.
10. La famiglia _____ cui proviene è una famiglia antica e conosciuta.

Scrivi le frasi con il pronome giusto

1. **La strada va alla stazione / La strada costeggia il fiume**
La strada, che costeggia il fiume, va alla stazione

2. Le case di questo quartiere sono di recente costruzione / Le case si possono vedere da questo punto.
3. Anna ha preso la macchina e se n'è andata / Anna aveva parcheggiato la macchina vicino ai giardini.
4. Ho chiesto informazioni ad un vigile / Il vigile non mi ha saputo rispondere.
5. Ho incontrato Marina e sua figlia / Marina e sua figlia andavano al cinema.
6. Ho comprato una guida di Roma / La guida di Roma è aggiornata.
7. Antonio mi ha chiamato sul cellulare / Ho comprato un cellulare di recente.
8. Elena e Domenico sono tornati dall'estero / Elena e Domenico erano partiti un mese fa.
9. I fiori dei giardini sono tutti sbocciati / I giardini si trovano alla fine di Via Verdi.
10. Ho incontrato al corso molte amiche / Ho salutato le amiche.

Ricorda... alcuni proverbi

1. Chi cammina, inciampa *(La persona che cammina, inciampa)*
2. Chi dorme, non piglia pesci *(Colui che dorme non prende pesci)*
3. Chi va piano, va lontano *(Quello che va piano, ariva lontano)*
4. Chi mal fa, mal pensa *(Le persone che pensano male, agiscono male)*
5. Chi troppo vuole, nulla stringe *(Quanti vogliono troppo non ottengono nulla)*

IN ITALIANO SI DICE

Note di fonetica e grammatica

Lettere e suoni - Esercizio di ricerca e creatività	fonetica

Dalla combinazione di due consonanti e delle cinque vocali. (Quasi un GIOCO)

a) M + R + LE CINQUE VOCALI. Alcune possibili combinazioni di suoni e significati.

> Roma - rima, rime - rema - remo, remi - ruma - ramo, rami - rame
> mare, mari - Mara - Mary - muro, muri - mura - moro , mori - mora - more
> mero, meri, mera, mere - miro, mira, miri, mire
> arma, armi - armo - orma, orme - erma, erme, ermo, ermi
> Irma - aroma - Mauro - Maria - Mario - amore - amaro - eremo - ecc.

b) R + T + LE CINQUE VOCALI

> rito, riti - Rita - rata - Rete - rato, rati - rete, reti - ruta
> tiro, tiri - tara, tare - tarì
> arto, arti - Arte - Artù - irto, irti, irta, irte - erto, erti, erta, erte - urto, urti -
> orto, orti - Orta
> trio - trae - trai
> aorta - arato, arata, arati, arate - aerato, aerata, aerati, aerate - atrio,
> atri - ecc.

c) R + L + LE CINQUE VOCALI

> lira - loro - Laro - Lari
> urlo - urla - orlo, orli - ecc.

d) R + S + LE CINQUE VOCALI

> raso, rasi, rasa, rase - riso - risa - risi
> roso, rosi, rosa, rose - reso, resi, resa, rese
> rosa, rose - roseo, rosea, rosei, rosee
> arso, arsa, arsi, arse - orso, orsi - ecc.

IN ITALIANO SI DICE

Note di grammatica

grammatica

IMPERATIVO

	cant-are		**prend**-ere		**part**-ire		**fin**-ire	
(tu)	cant-**a**	una canzone	prend-**i**	un gelato	part-**i**	domani	fin-isc-**i**	il lavoro
(noi)	cant-**iamo**		prend-**iamo**		part-**iamo**		fin-**iamo**	
(voi)	cant-**ate**		prend-**ete**		part-**ite**		fin-**ite**	

	avere	**essere**	**andare**	**stare**	**dare**	**dire**	**fare**
(tu)	abbi	sii	va'	sta'	da'	di'	fa'
(noi)	abbiamo	siamo	andiamo	stiamo	diamo	diciamo	facciamo
(voi)	abbiate	siate	andate	state	date	dite	fate

IMPERATIVO - FORMA NEGATIVA

	cantare	**prendere**	**partire**	**avere**	**stare**	**andare**	**essere**
non	cantiamo	prendiamo	partiamo	abbiamo	stiamo	andiamo	siamo
	cantate	prendete	partite	abbiate	state	andate	siate

IMPERATIVO e PRONOMI

• I pronomi **lo, la, li, le, ci, mi, ne** si mettono sempre dopo l'imperativo
Es.: - È una bella canzone, **cantala, cantiamola, cantatela**
      - Ora ci vuole un buon caffè: **prendilo, prendiamolo, prendetelo**

• Con **da', di', fa', sta', va'** le consonanti del pronome **lo, la, li, le, ci, mi, ne** raddoppiano
Es.: - **Dammi** una mano per favore!   - **Vacci**, ti divertirai!
     - **Dimmi** come stai!   - **Fammi** vedere! È nuovo?

IN ITALIANO SI DICE

grammatica

IMPERATIVO - FORMA LEI O DI CORTESIA

	cant-are	prend-ere	part-ire	fin-ire	avere	essere	stare
(Lei)	cant-i	prend-a	part-a	fin-isc-a	abbia	sia	stia

	dire	dare	stare	fare	andare	venire	bere	sapere	uscire
(Lei)	dica	dia	stia	faccia	vada	venga	beva	sappia	esca

ATTENZIONE

Dalla forma di cortesia (Lei) dell'Imperativo, si modula il

CONGIUNTIVO PRESENTE

	cant-are	prend-ere	part-ire	fin-ire	avere	essere	stare
che io cant-i	prend-a	part-a	fin-isc-a	abbia	sia	stia
che tu cant-i	prend-a	part-a	fin-isc-a	abbia	sia	stia
che lui cant-i	prend-a	part-a	fin-isc-a	abbia	sia	stia
che noi cant-iamo	prend-iamo	part-iamo	fini-amo	abbiamo	siamo	stiamo
che voi cant-iate	prend-iate	part-iate	fin-iate	abbiate	siate	state
che loro cant-ino	prend-ano	part-ano	finisc-ano	abbiano	siano	stiano

IN ITALIANO SI DICE

		grammatica

	dire	dare	fare	andare	venire	potere	uscire
che io	dica	dia	faccia	vada	venga	possa	esca
che tu	dica	dia	faccia	vada	venga	possa	esca
che lui	dica	dia	faccia	vada	venga	possa	esca
che noi	diciamo	diamo	facciamo	andiamo	veniamo	possiamo	usciamo
che voi	diciate	diate	facciate	andiate	veniate	possiate	usciate
che loro	dicano	diano	facciano	vadano	vengano	possano	escano

PRONOME RELATIVO

1. **CHE** (senza articolo)

2. **QUALE** (con articolo)

CHE =
il quale
la quale
i quali
le quali

3. **CUI** (senza articolo e con preposizione)

a di per con su da in fra tra	CUI

4. **CHi = la persona che (la quale)**

5. **CIÒ CHE = la cosa che / quello che**

VERIFICA DEL
MODULO F

Usa il tuo italiano

Esercizio A
Rispondi

- Dove sei stato/a? - _____
- Con chi sei andato/a? - _____
- Con chi ti sei divertito/a? - _____
- Con chi sei andato/a al cinema?- _____
- Quando è arrivato Mario? - _____
- Quanto tempo sei restato
  al cinema? - _____

Esercizio B
Metti l'articolo e fai il plurale delle parole della strada

Esercizio C
Descrivi tutte le tue azioni del mattino
Es.: **Mi sveglio alle... mi alzo, poi...**

Esercizio D
Ripeti l'esercizio C al passato.
Es.: **Ieri mattina mi sono svegliato alle... mi sono alzato alle, poi...**

Esercizio E
Trasforma secondo il modello
Es.: **Anna Maria è molto brava. È bravissima.**

È molto bella. È _____
È molto stanca. È _____
È molto felice. È _____
È molto fortunata. È _____
È molto simpatica. È _____

Esercizio F
Spiga ad un compagno la strada più breve per andare allo stadio.

LE PAROLE della STRADA

La piazza
Il corso
Il centro
La periferia
La traversa
Il giardino
Il viale
Il semaforo
La svolta
La curva
Il traffico
La segnaletica
La mappa
La via
La strada
L'incrocio
Il navigatore satellitare
Il parcheggio
Il segnale
Il marciapiede
La rotonda
Il dosso
Il vigile
Il senso univo
Il senso rotatorio
Il senso vietato

Trova le stesse parole nella tua lingua con l'aiuto dell'insegnante o del vocabolario

Esercizio G

Indica ad un automobilista come raggiungere un distributore di carburante.

Esercizio H

Indica ad un compagno tutte le cose che deve fare per viaggiare in treno.

Esercizio I

Con il vocabolario cerca il significato delle parole della fonetica di pag. 165 che non conosci.

Esercizio L

Prova a trovare altre parole combinando le consonanti e le vocali di pag. 165.

Esercizio M

Leggi le defiizioni e completa la "vocale doppia". In verde avrai il nome di un celebre cantante.

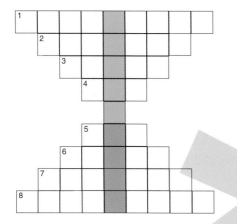

1. La festa del primo gennaio
2. Lo sono il Veneto e la Calabria
3. Fastidioso insetto
4. Non si chiede alle signore
5. Calura eccessiva
6. Non spende volentieri il suo denaro
7. Se ne può fare una di gelosia
8. Asfissiare, strangolare

Se trovi difficoltà o vuoi verificare, controlla qui a fianco.

Esercizio N

Con le lettere già inserite, ricostruisci il cruciverba. Vedi e usa le parole nella lista.

TRE LETTERE
are
boa
mae
oro
pra
rai
sto
QUATTRO LETTERE
daun
esed
esse
osso
raro
rodi
utet
CINQUE LETTERE
aosta
eolieetnia

iarda
isere
odino
tenda
zorro
SEI LETTERE
aprire
arnesi
daudet
idoneo
statua
SETTE LETTERE
diderot
enoteca
eritrea
onorari
prussia
OTTO LETTERE
bandiera

gradasso
stradine
NOVE LETTERE
disadorno
documenti
istituire
DIECI LETTERE
esasperare
UNDICI LETTERE
atterraggio
TREDICI LETTERE
abbreviazione

Se trovi difficoltà o vuoi verificare,
controlla qui a fianco.

Esercizio O
Risolvi

ORIZZONTALI:
1. Verifica di efficienza o di validità
9. Fu amante di Tristano
10. Donna colpevole
12. Questa... in breve
13. Un segno dello zodiaco
14. Comanda il plotone
17. I primi d'ottobre
18. Un osso del braccio
19. Preposizione semplice
20. Rimini
22. Non adesso
23. Così è detto il medico nei film western
24. Conosciuto
26. Motto, sentenza
28. Il laboratorio di Valentino
30. Nome di due ville reali, erette all'interno di Versailles
33. Lo è Atena
34. Copricapo papale
36. Eterno, senza interruzioni
39. Può essere d'identità
41. Porta d'armadio
43. Giusto!
44. Agenzia Europea Produttività

VERTICALI:
1. Serbatoio per liquidi
2. Mesce il vino
3. Comune in provincia di Savona sulla riviera di Ponente
4. Latina
5. Università
6. I confini dell'Uganda
7. Un dono dei re Magi
8. Estremamente disordinato
11. Storico greco
13. Il nome di Teocoli
15. Comune in provincia di Firenze
16. Il forcone di Nettuno
21. Si alterna al giorno
23. Cambiano i forti in dotti
25. Quella intensiva si avvale di cure continuate
27. La coraggiosa protagonista di un romanzo
29. Pari in Cina
31. Segue... la ninna
32. Salerno
33. Lo è stato Mussolini
35. Goal!
37. Un punto cardinale
38. Ritornello
40. Consonanti in rosa
42. Ascoli Piceno

Se trovi difficoltà o vuoi verificare, controlla qui a fianco.

Esercizio P

Eccoti un elenco di parole. Se provi a cambiare la lettera iniziale di ognuno avrai una parola nuova di significato preciso. Spiega il significato della parola nuova.

1. sodio   *iodio/podio*
2. mira _____
3. tenda _____
4. gretto _____
5. tana _____
6. code _____
7. arare _____
8. pegno _____
9. prede _____
10. duce _____
11. rotta _____
12. ampio _____
13. morso _____
14. argano _____
15. fato _____
16. letto _____
17. drogare _____

Esercizio Q

Giochi

Per sapere chi rappresenta questa scultura, il suoautore e in quale città si trova, cercate le parole mancanti da qusti proverbi e inserite l'iniziale di ognuna nelle caselle con il numero corrispondente.

1	2		3	4
5	5	6		7
1		8	1	5
9	10	2	4	11
12	10	2	6	
4		13	1	14
10	11	15	10	

PROVERBI:

1. ... l'arte e mettila da parte.
2. La ... batte dove il dente duole.
3. A caval donato non si guarda in ...
4. Meglio un ... che cinquanta consigli.
5. Chi ben ... è a metà dell'opera.
6. L'... fa l'uoo ladro.
7. Occhio non vede, cuore non ... .
8. Can che abbaia non ...
9. Chi ... tempo non aspetti tempo.
10. Puoi ... dotto, ricco, illustre e chiaro, se non hai civiltà sei un somaro.
11. ... con il sole, Pasqua col tizzone.
12. Un bel ... dura poco.
13. Del senno di poi son piene le ... .
14. Tutte le strade portano a ... .
15. Chi va con lo ... impara a zoppicare.

Per sorridere.
Uso della forma di cortesia.

...o, si metta pure a suo agio!

Dica pure: noi vogliamo essere sempre vicini ai nostri dipendenti!

Allora, Piero, dimmi:
l'hai ottenuta poi
un'auto dalla ditta?

Alt, prima fatti la barba,
che pungi

Finito di stampare nel mese di novembre 2005
da Guerra guru s.r.l. - Via A. Manna, 25 - 06132 Perugia
Tel. +39 075 5289090 - Fax +39 075 5288244
E-mail: geinfo@guerra-edizioni.com